# 新疆真相

## ——揭穿美西方涉疆谎言与诋毁

新疆维吾尔自治区涉疆问题新闻发布会实录

（第四辑）

新疆发展研究中心　编



五洲传播出版社

图书在版编目（CIP）数据

新疆真相：揭穿美西方涉疆谎言与诋毁：新疆维吾尔自治区涉疆问题新闻发布会实录. 第四辑 / 新疆发展研究中心编. -- 北京：五洲传播出版社，2021.11

ISBN 978-7-5085-4740-4

Ⅰ. ①新… Ⅱ. ①新… Ⅲ. ①民族问题—新闻公告—新疆 Ⅳ. ① D633.1

中国版本图书馆 CIP 数据核字 (2021) 第 257151 号

新疆真相——揭穿美西方涉疆谎言与诋毁
新疆维吾尔自治区涉疆问题新闻发布会实录（第四辑）

编　　者：新疆发展研究中心
出 版 人：关　宏
责任编辑：宋博雅
设计制作：李　鲲
出版发行：五洲传播出版社
地　　址：北京市北三环中路 31 号生产力大楼 B 座 6 层
邮　　编：100088
发行电话：010-82005927，010-82007837
网　　址：http://www.cicc.org.cn  http://www.thatsbooks.com
印　　刷：北京市房山腾龙印刷厂
印　　次：2022 年 3 月第 1 次印刷
开　　本：185 毫米 × 260 毫米
印　　张：11.25
字　　数：216 千字
定　　价：78.00 元

# 目录

新疆维吾尔自治区涉疆问题新闻发布会
Press Conference on Xinjiang-related Issues
Xinjiang Uygur Autonomous Region
2021 年 4 月 6 日
April 6, 2021

新疆维吾尔自治区涉疆问题新闻发布会
Press Conference on Xinjiang-related Issues
Xinjiang Uygur Autonomous Region

2021 年 4 月 6 日
April 6, 2021
徐贵相

王浪涛

# 新疆维吾尔自治区第 32 场涉疆问题新闻发布会实录

2021 年 4 月 6 日，新疆维吾尔自治区人民政府新闻办公室举行第 32 场涉疆问题新闻发布会，邀请自治区高级人民法院副院长王浪涛进一步披露 4 月 2 日在中国国际电视台播出的纪录片《暗流涌动——中国新疆反恐挑战》中涉及的案情。

主持人：

各位媒体记者朋友们，大家上午好！继《中国新疆 反恐前沿》《幕后黑手——"东伊运"与新疆暴恐》《巍巍天山——中国新疆反恐记忆》之后，第四部涉疆反恐纪录片《暗流涌动——中国新疆反恐挑战》已经于4月2日在中国国际电视台（CGTN）播出。该片深刻反映了新疆反恐、去极端化斗争中涌动的暗流，首次披露了新疆"两面人"个案事实，公布了新疆少数民族语言"问题教材"等事件，重点揭示新疆虽连续4年多未发生暴恐案（事）件，仍面临来自恐怖主义和极端主义的严峻挑战，以事实驳斥美西方所谓新疆"过度反恐""种族灭绝"等谎言谬论，彰显新疆依法持续开展反恐、去极端化工作的正当性和必要性。这部纪录片一经播出，引发国内外高度关注，各方面反应积极热烈。

为帮助观众了解新疆严峻的反恐、去极端化形势，我们今天在此召开专场涉疆问题新闻发布会，进一步披露纪录片中涉及的案情。我们今天请来了新疆维吾尔自治区高级人民法院副院长王浪涛介绍相关案情。

首先，请大家观看一段视频。

主持人：

下面，请新疆维吾尔自治区高级人民法院副院长王浪涛介绍希尔扎提·巴吾东案基本案情。

王浪涛：

希尔扎提·巴吾东，男，维吾尔族，硕士研究生文化，1966年6月25日出生于新疆维吾尔自治区和田地区洛浦县，原系新疆维吾尔自治区政协副秘书长，曾任自治区司法厅厅长、自治区党委政法委副书记；2018 年 6 月 5 日因涉嫌职务犯罪被新疆维吾尔自治区监察委员会留置，同年 11 月 23 日被刑事拘留，同年 12 月 6 日被逮捕。

经法院审理查明，希尔扎提・巴吾东犯罪事实如下：

## 1. 分裂国家事实

希尔扎提・巴吾东为达到分裂国家目的，以党员领导干部身份为掩护，长期策划实施分裂国家活动。他以宗教为幌子，采取政治拉拢、宗教扶持、经济帮助、法律庇护等方式，唆使、支持、纵容分裂分子、宗教极端分子，公开宣扬宗教极端和民族分裂思想，促使宗教极端思想急速升温，为实施分裂国家、暴恐活动培植思想土壤、提供行动环境；他长期在和田地区墨玉县充当“三股势力”的保护伞，为“独立建国”保留“火种”；在经济上扶持分裂分子，积极储备分裂资金，并主动或者通过境内分裂分子勾结境外分裂势力，以达到分裂新疆的目的。

## 2. 投敌叛变事实

2003 年 5 月，希尔扎提・巴吾东任和田地区墨玉县公安局局长期间，与从境外回到墨玉县的“东伊运”组织骨干成员塔伊尔・阿巴斯会面，共同谋划“民族独立”，希尔扎提・巴吾东承诺会尽己所能提供帮助。2006 年，希尔扎提・巴吾东安排墨玉县大清真寺原哈提普阿布拉江・巴克尔（已判刑）出国朝觐，与塔伊尔・阿巴斯会面，互通信息。2015 年，希尔扎提・巴吾东因“突出贡献”，被“东伊运”组织确定为新疆“独立建国”后的领导人选。

### 3. 为境外非法提供情报事实

希尔扎提·巴吾东利用职务上的便利，在 2014 年将新疆发生的暴恐案件相关情况透露给阿不利米提·阿巴拜克、阿不都艾海提·阿巴拜克（另案处理），指使二人将上述信息提供给“东伊运”组织；2015 年 9 月，希尔扎提·巴吾东在前往境外考察时，向境外人员提供情报；2016 年 3 月，希尔扎提·巴吾东安排“世维会”成员阿不都吾甫尔·阿不都克力木到监狱会见服刑人员，打探监狱管理情况。

### 4. 参加恐怖组织事实

2013 年，希尔扎提·巴吾东唆使阿不利米提·阿巴拜克、阿不都艾海提·阿巴拜克二人加入“东伊运”组织。2014 年 7 月，阿不都艾海提·阿巴拜克成为“东伊运”组织分支骨干，负责筹集资金和输送人员。

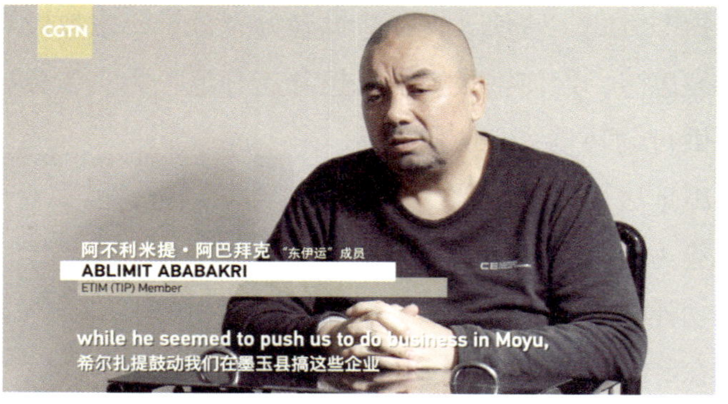


### 5. 帮助恐怖活动事实

2013 年 5 月，希尔扎提·巴吾东指使阿不利米提·阿巴拜克、阿不都艾海提·阿巴拜克二人，将其所有的 120 万元股权分红款和位于埃及开罗的一套房产提供给“东伊运”组织使用。

### 6. 利用极端主义破坏法律实施事实

2007 年 2 月，希尔扎提·巴吾东利用职务便利，支持墨玉县大清真寺原哈提普阿布拉江·巴克尔（已判刑）以念“尼卡”方式缔结非法婚姻，唆使其干预司法行政事务。

### 7. 聚众扰乱社会秩序事实

2016 年 8 月，希尔扎提·巴吾东让和田市大清真寺哈提甫阿布里米提·艾合买托合提（已判刑）在其女儿婚礼上进行非法宗教活动。

### 8. 受贿事实

2002 年至 2017 年，希尔扎提·巴吾东利用职务便利，为他人在工程承揽、房地产开发、职务晋升或调整、办理护照等方面提供帮助，收受他人所送财物合计1112.2429万元。

### 9. 滥用职权事实

希尔扎提·巴吾东利用职务便利，在2004年12月，违规将被判处有期徒刑四年、五年的两名罪犯安排在拘留所服刑，未予收监。2005年，希尔扎提·巴吾东违规要求墨玉县看守所所长为服刑人员喀日·阿布拉减刑，遭到拒绝。后因看守所管理不善，喀日·阿布拉脱逃。希尔扎提·巴吾东为不影响其职务升迁，要求看守所管理人员隐瞒脱逃事实，出具虚假的保外就医手续。

### 10. 徇私枉法事实

希尔扎提·巴吾东利用职务便利，在2004年5月处理当地一起刑事案件时，仅追究了其中部分人员的刑事责任，对其他涉案人员故意不予追究。2018年4月，该案其余30余人被依法追究刑事责任。2005年8月，希尔扎提·巴吾东利用职权，授意公安民警不要追查阿卜来提·乃再尔瓦克故意杀人一案，并带多名公安民警参加阿卜来提·乃再尔瓦克的宴请，以保护阿卜来提·乃再尔瓦克免受公安机关处理。2019年1月6日，新疆维吾尔自治区和田地区中级人民法院依法以阿卜来提·乃再尔瓦克犯组织、领导黑社会性质组织罪、寻衅滋事罪、绑架罪判处刑罚。

法院经审理认为：被告人希尔扎提·巴吾东以分裂国家为目的，以党员领导干部身份为掩护，勾结境外分裂势力，唆使、支持、纵容境内分裂分子、宗教极端分子，策划实施分裂国家活动，情节特别恶劣，其行为构成分裂国家罪；他背叛国家，投靠“东伊运”组织，出卖国家和人民利益，情节严重，其行为构成投敌叛变罪；他向境外人员非法提供情报，其行为构成为境外非法提供情报罪；他教唆他人参加“东伊运”组织，其行为构成参加恐怖组织罪；他将受贿所得的120万元钱和一套房产提供给“东伊运”组织使用，情节严重，其行为构成帮助恐怖活动罪；他唆使、支持墨玉县大清真寺原哈提普阿布拉江·巴克尔干预司法行政事务，情节特别严重，其行为构成利用极端主义破坏法律实施罪；他邀请宗教人士在其女儿婚礼上进行非法讲经活动，情节严重，其行为构成聚众扰乱社会秩序罪；他利用职务便利，为他人谋取利益，收受贿赂1112.2429万元，数额特别巨大，其行为构成受贿罪；他徇私舞弊，违规为服刑人员提供庇护，故意隐瞒服刑人员脱逃事实，情节特别严重，其行为构成滥用职权罪；他身为司法工作人员，对明知有罪的人故意包庇而不使他人受到追诉，情节严重，其

行为构成徇私枉法罪。罪行严重，应依法惩处。

依照《中华人民共和国刑法》《中华人民共和国刑事诉讼法》的相关规定，法院对被告人希尔扎提·巴吾东以分裂国家罪、投敌叛变罪、为境外非法提供情报罪、参加恐怖组织罪、帮助恐怖活动罪、利用极端主义破坏法律实施罪、聚众扰乱社会秩序罪、受贿罪、滥用职权罪、徇私枉法罪，数罪并罚，决定执行死刑，缓期二年执行，剥夺政治权利终身，并处没收个人全部财产。法庭庭审中，依法保障其各项诉讼权利。宣判后，希尔扎提·巴吾东认罪悔罪，未提出上诉。

主持人：

接下来还是先请大家观看一段视频。

主持人：

下面，请王浪涛副院长介绍沙塔尔·沙吾提案基本案情。

王浪涛：

沙塔尔·沙吾提，男，维吾尔族，1947 年 11 月 15 日出生于新疆维吾尔自治区托克逊县，大学文化，新疆维吾尔自治区教育工委原副书记，自治区教育厅党组原副书记、厅长，自治区基础教育课程改革领导小组原组长；2017 年 5 月 5 日被刑事拘留，同月 19 日被逮捕。

经法院审理查明，沙塔尔·沙吾提犯罪事实如下：

## 1. 分裂国家事实

自 2002 年起，沙塔尔·沙吾提在担任新疆维吾尔自治区教育工委副书记，自治区教育厅党组副书记、厅长，自治区基础教育课程改革领导小组组长期间，以分裂国家为目的，利用主持编写、出版中小学民族文字教材工作之机，多次采取单独授意和召集会议等方式，组织阿力木江·买买提明（时任自治区教育厅副厅长，已判刑）、阿布都热扎克·沙依木（时任新疆教育出版社社长、副总编，已判刑）、塔依尔·那斯尔（时任新疆教育出版社社长、副总编，已判刑），专门挑选具有民族分裂思想的牙里坤·肉孜（时任新疆教育出版社维吾尔文教材编辑部编辑，已判刑）、瓦依提江·吾斯曼（时任新疆教育出版社维吾尔文教材编辑部编辑，已判刑）等人进入教材编写组。上述人员在编写教材过程中，逐步形成了以沙塔尔·沙吾提为首的分裂国家犯罪集团。

2003 年上半年，沙塔尔·沙吾提为达到分裂国家的目的，以传达教材编写、出版工作要求为借口，将阿布都热扎克·沙依木、努尔巴哈提（时任自治区教育厅基教处副处长）叫到其办公室，违背教材编写宗旨和指导思想，以突出所谓的“地方特色、本民族特色、体现本民族历史文化”为幌子，极力要求在教材中编入宣扬民族分裂、暴力恐怖、宗教极端等思想的内容，以达到“去中国化”的分裂国家目的。阿布都热扎克·沙依木

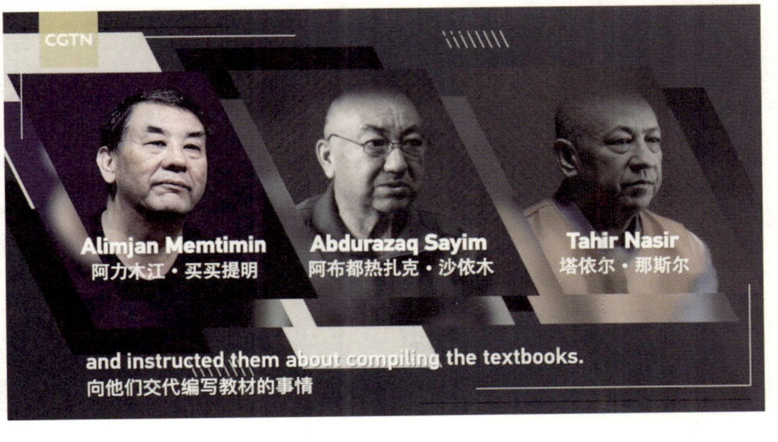

在沙塔尔·沙吾提授意下，刻意安排牙里坤·肉孜、瓦依提江·吾斯曼担任“问题教材”的编辑、责任编辑等重要工作。阿布都热扎克·沙依木离任时，又向接任新疆教育出版社社长的塔依尔·那斯尔提出要继续执行沙塔尔·沙吾提的教材编写要求，并仍由牙里坤·肉孜、瓦依提江·吾斯曼担任教材编辑和责任编辑等工作。塔依尔·那斯尔接受并执行。

2004 年 4 月，沙塔尔·沙吾提为将民族分裂、暴力恐怖、宗教极端等以分裂国家为内容的思想继续编入“问题教材”，组织阿力木江·买买提明、塔依尔·那斯尔等人在其办公室召开会议，对教材再次提出编写要求。之后，阿力木江·买买提明、塔依尔·那斯尔在沙塔尔·沙吾提授意下，多次通过会议等形式组织安排牙里坤·肉孜、瓦依提江·吾斯曼在教材编写过程中进一步落实沙塔尔·沙吾提“去中国化”分裂国家的指示。牙里坤·肉孜、瓦依提江·吾斯曼从 2003 年至 2009 年，将大量宣扬民族分裂、暴力恐怖、宗教极端等内容的文章编入教材。

经审查，该教材中具有民族分裂、暴力恐怖、宗教极端等内容的“问题课文”共

计 84 篇，其中 2003 版 41 篇，2009 版 43 篇（其中 22 篇选自 2003 版“问题教材”），在全区印发近 2500 余万册，时间长达 13 年之久，232 万名维吾尔族在校学生及数万名教育工作者使用该教材，造成极其严重的危害后果。现已查明，在上述教材的影响下，阿不都沙拉木・阿不都外力、木太力甫・库尔班等人（均已判刑）参与实施乌鲁木齐“7・5”打砸抢烧严重暴力犯罪活动，阿布力孜・热西提（已判刑）参与实施“4・30”乌鲁木齐市火车南站暴力恐怖犯罪活动，阿提坎木・肉孜（已判刑）参加以中央民族大学原教师伊力哈木・吐赫提为首的分裂国家犯罪集团并成为其骨干，米尔卡米力・斯迪克等人（均已判刑）参与实施组织、领导恐怖组织、非法制造爆炸物犯罪。

## 2. 受贿事实

1989 年至 2016 年间，沙塔尔・沙吾提利用职务便利或职权形成的便利条件，为他人在拓展业务、采购项目、承包合同、取得办学资质、招生计划审批、工作调动、亲属升学等方面提供帮助，先后多次收受他人给予的现金和财物共计价值人民币 1505.27692 万元。

法院经审理认为，被告人沙塔尔・沙吾提以分裂国家为目的，利用组织、编写教材的职务便利，直接任用、安排与其同样具有分裂国家思想的阿力木江・买买提明、塔依尔・那斯尔、牙里坤・肉孜、瓦依提江・吾斯曼等人员在编写“问题教材”中分工负责，形成以沙塔尔・沙吾提为首的分裂国家犯罪集团。其行为已构成分裂国家罪。他是该犯罪集团的组织者、领导者，系首要分子，应依法严惩。被告人沙塔尔・沙吾提身为国家工作人员，利用其职务上的便利或职权形成的便利条件，为他人谋取利益，多次收受他人财物共计价值人民币 1505.27692 万元，其行为构成受贿罪。

法院依照《中华人民共和国刑法》《中华人民共和国刑事诉讼法》的相关规定，对被告人沙塔尔・沙吾提以分裂国家罪、受贿罪，数罪并罚，决定执行死刑，缓期二年执行，剥夺政治权利终身，并处没收个人全部财产。法庭庭审中，依法保障其各项诉讼权利。宣判后，沙塔尔・沙吾提认罪悔罪，未提出上诉。

**主持人：**

发布会到此结束，谢谢大家。

# 新疆维吾尔自治区第 33 场涉疆问题新闻发布会实录

2021 年 4 月 9 日，新疆维吾尔自治区在北京举行第 33 场涉疆问题新闻发布会。这也是 2020 年 12 月以来在北京举行的第 7 场涉疆问题新闻发布会。发布会邀请新疆维吾尔自治区党委宣传部副部长徐贵相、新疆维吾尔自治区人民政府新闻办发言人伊力江·阿那依提、新疆维吾尔自治区高级人民法院副院长阿克拜尔·艾克拉木、新疆维吾尔自治区公安厅副厅长亚力坤·亚库甫介绍有关情况并回答中外记者提问。

外交部新闻司参赞毕海波（主持人）：

各位记者朋友，上午好！欢迎大家参加在外交部外国记者新闻中心举办的第七场涉疆问题新闻发布会。一段时间以来，国际上一些反华势力炮制了所谓"新疆数据项目""新疆受害者数据库""维吾尔过渡期司法数据库"，散布了很多不实谣言，严重误导了国际舆论。

今天，我们在此举办涉疆问题专场新闻发布会，希望通过今天的交流，大家能够进一步了解有关新疆问题的事实真相。出席发布会的有新疆维吾尔自治区人民政府两位新闻发言人徐贵相、伊力江·阿那依提，新疆维吾尔自治区高级人民法院副院长阿克拜尔·艾克拉木、新疆维吾尔自治区公安厅副厅长亚力坤·亚库甫。现在请新疆维吾尔自治区人民政府新闻发言人徐贵相为大家介绍有关情况。

徐贵相：

近年来，国际上一些反华势力炮制了所谓"新疆数据项目""新疆受害者数据库""维吾尔过渡期司法数据库"，笼络收集了一批所谓的"证人证言"，妄图以假乱真、诋毁新疆、蒙骗世人。经认真研究核对，这三个"数据库"共涉及12050人，查实10708人，1342人系凭空编造。查实的10708人中，6962人在社会上正常生活，3244人因危安暴恐犯罪和其他刑事犯罪被判刑，238人因疾病等原因死亡，264人在境外。今天，我们在此举办涉疆问题新闻发布会，就是要揭开这些"数据库"的盖子，一起看看有关机构和人员的真实情况，让真相大白于天下。

——别有用心的炮制者。"新疆数据项目"由"澳大利亚战略政策研究所"建立，得到了美国有关政府部门和反华组织"人权观察"的资助和支持。众所周知，"澳大利亚战略政策研究所"长期接受来自美国政府有关部门和军火商的经费支持，为了金主利益，热衷于炒作各种反华议题，四处散布谣言，丑化、妖魔化中国，根本就不是学术研究机构，而是美国政府操纵的反

华工具，是披着“学术”外衣的反华“急先锋”。特别是在涉疆问题上，该机构一再抛出毫无事实根据、充满幻想臆断的谬论，早已臭名昭著。“新疆受害者数据库”由美国人斌吉恩伙同反华“专家”达伦·拜勒、赵楼兰、法提玛赫·阿卜杜勒加福尔、“东突”分子塔依尔·依明等人建立，得到了美国、澳大利亚等国有关方面的资助和支持。“维吾尔过渡期司法数据库”由“世维会”下属的“挪威维吾尔委员会”主席拜合提亚尔·吾买尔建立，得到了美国“国家民主捐赠基金会”的资助和支持。我们不难发现，这些所谓的涉疆“数据库”均由国际上一些反华组织、人员或“东突”分子建立，且背后都有美西方反华势力的影子。

——粗制滥造的内容。“新疆受害者数据库”和“维吾尔过渡期司法数据库”主要是煽动、蛊惑、诱拉境外维吾尔族人，或编造一批虚假人员等，汇集了这些人员及相关亲属的所谓“受迫害经历”，用于“作证”，妄图以此坐实新疆“非法关押维吾尔族人”“打压维吾尔族人及穆斯林”等“罪名”。“新疆数据项目”则大量发布或转发涉疆污蔑文章、视频，妄图以“学术研究”的面目攻击抹黑新疆。比如，该项目“地图板块”中声称，通过卫星图像，借助夜间照明技术研究方法，识别掌握了新疆所谓380个“拘留设施”的地理信息，称新疆在乌鲁木齐、喀什、阿克苏等地“新建大量拘留场所”。但经核实，所谓380个“拘留设施”中，343个点位是正规学校、机关事业单位、医院、住宅、商铺等，占比达90%。可见，该项目库以假乱真到了毫无底线、歇斯底里的程度。

——低级卑劣的手法。这些所谓涉疆“数据库”，肆意采取“无中生有”“模糊指控”“妄加揣测”“杜撰篡改”“移花接木”“强制关联”“断章取义”等造假手法，编造了一批所谓“受害者”名单。其中，一大批人员是他们编造的，身份信息都不准确；还有一大批被指名道姓的所谓“被关押”人员，事实上都在正常生活。还有一些人员，因实施暴恐活动、杀人、强奸、贩毒、抢劫、卖淫等犯罪行为，被依法判处刑罚。

——政治操弄的工具。大量证据表明，美西方反华势力炮制的所谓涉疆“数据库”，是彻头彻尾的“造假库”“谣言库”“伪证库”，编织着弥天大谎，充斥着污蔑攻击。然而，一些国家的政府、政客、组织、媒体却奉若至宝，不加核实，不加分析，不分青红皂白，对这些所谓的“研究成果”和“证人证言”笃信不疑，甚至还寡廉鲜耻地将一些“演员”奉为座上宾，颁发所谓的奖项，给他们涂上“人权卫士”色彩，并据此给新疆扣上“反人类罪”“种族灭绝”的帽子，简直是荒谬绝伦！

接下来，我们就拿出这些涉疆“数据库”中反复炒作的一些案例，看一看真相到底是什么。

第一类是编造“亲身经历”作伪证的人。所谓涉疆“数据库”中一些“证人”，其实是被美西方反华势力雇佣的、在境外靠抹黑新疆为生的“演员”。他们为骗取“难民”身份、获得物质利益，甘做美西方反华势力的“棋子”，多次编造自己在教培中心的所谓“遭遇”，但这些谎言一次次被事实打脸。下面，请新疆维吾尔自治区人民政府新闻发言人伊力江·阿那依提介绍这类人员的有关情况。

伊力江·阿那依提：

**（一）关于沙依拉古丽·沙吾提巴依的情况**

沙依拉古丽·沙吾提巴依，女，1976年生，新疆昭苏县人。

**1. 在境外的活动**

沙依拉古丽·沙吾提巴依在国外声称，自己出去前是“转化班”教师，接触过官方秘密文件，能证明有“2500人被关押在她所在的转化班中”。

2019年12月12日，沙依拉古丽·沙吾提巴依在BBC发布的视频中称，被关“拘留营”期间遭到电棍击打头部，被限制人身自由，“拘留营”所有教室、宿舍和浴室都装有摄像头等。

2020年3月4日，美国务院举行年度“国际妇女勇气奖”颁奖典礼，沙依拉古丽·沙吾提巴依获奖。蓬佩奥在会上称：“我们要向沙依拉古丽致敬。她曾是一名医生，被迫与家人分离，在监狱中遭受折磨，并因讲述事实而面临处决。”

2020年4月20日，日本漫画家清水智美以所谓“再教育营幸存者”沙依拉古丽·沙吾提巴依口吻，杜撰了有关漫画，讲述沙依拉古丽所谓“受迫害经历”。

**2. 有关事实真相**

2016年4月，沙依拉古丽·沙吾提巴依任伊犁州昭苏县察汗乌苏乡中心幼儿园园长。2018年3月19日，沙依拉古丽任伊犁州昭苏县察汗乌苏乡小学教师；同年4月4日，沙依拉古丽向校领导请假离开学校，4月5日非法出境。

第一，编造经历。她自称医科大学毕业、当过医生，事实上只是在新疆伊犁卫校护士班上过学，从未当过医生。沙依拉古丽·沙吾提巴依先是称自己曾在教培中心当老师，之后又说自己是“教培中心受害者”，被关押在“集中营”“遭受酷刑和医学实验”“被迫吃猪肉”。事实上，她从未在教培中心工作过，也没有在教培中心学习过，更没有被采取过强制措施，她所描述的教培中心的状况完全是造谣污蔑。

第二，涉嫌犯罪。2018年4月5日，她持中国边境通行证非法出境，其行为已触犯《中华人民共和国刑法》第三百二十二条规定，涉嫌偷越国（边）境罪。她于2015年6月、2016年12月，通过伪造购房合同、骗取担保人签名、提供虚假材料等方式，先后2次从昭苏县农村信用联社察汗乌苏乡信用社贷款47万元人民币，目前仍有39.8万元尚未偿还，其行为已触犯《中华人民共和国刑法》第一百九十三条规定，涉嫌贷款诈骗罪。因以上违法犯罪行为，沙依拉古丽·沙吾提巴依被公安机关依法列入网上追逃人员。

第三，品行恶劣。她在昭苏县察汗乌苏乡中心幼儿园当园长时，利用职务便利骗取绩效奖金、侵害教师利益，已被当地教育部门依法依规免职。她在偷越边境前，还让妹妹帕娜尔贷款4.5万元买下她的汽车，但一直没有把汽车过户，她妹妹对此十分愤慨。

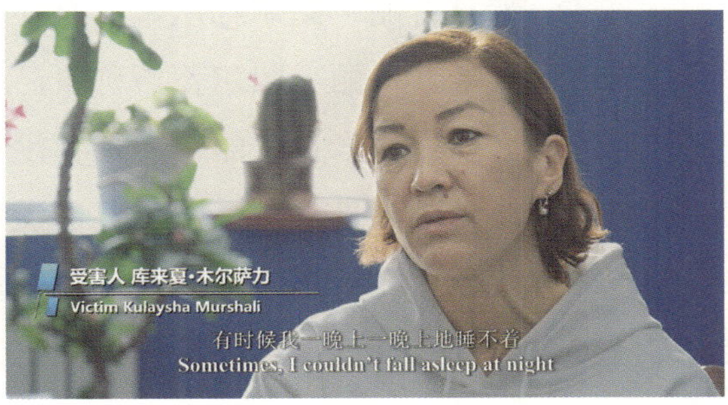

### （二）关于米日古丽·图尔荪的情况

米日古丽·图尔荪，女，1985 年生，新疆且末县人；2010 年 8 月，与一名伊朗人在中国登记结婚；2012 年 1 月，与一名埃及人在埃及登记结婚。至 2015 年 4 月，她在埃及生育了三个孩子，其中两个孩子 2015 年 10 月在中国落户，一个孩子寄养在其丈夫堂姐家。2018 年 4 月 22 日，米日古丽·图尔荪和丈夫携两个孩子离境。

#### 1. 在境外的活动

2018 年 4 月，米日古丽·图尔荪赴美后，以所谓“亲身经历”，参加美国“国会－行政部门中国委员会”听证会作伪证。她多次接受 CNN 等媒体采访，称自己被警方关押在“集中营”，被强迫服用或注射不明药物；每天都有人遭受酷刑，其间目睹 9 名女子死亡；她的儿子在乌鲁木齐儿童医院死亡，她未被告知其子入院治疗原因。

#### 2. 有关事实真相

第一，除了 20 天刑事拘留外，米日古丽·图尔荪在中国期间是完全自由的。2017 年 4 月 21 日，她因涉嫌煽动民族仇恨和民族歧视被新疆且末县公安局刑事拘留。其间发现她患有梅毒等传染病，出于人道主义考虑，县公安局于 2017 年 5 月 10 日撤销对她的强制措施。2010 年至 2017 年间，她曾先后 11 次往返于中国和埃及、阿联酋、泰国、土耳其等国家。

第二，米日古丽·图尔荪从来没有在教培中心学习过，更没有被迫服用药物的情况。米日古丽·图尔荪声称自己在“集中营”被注射毒品和药品导致其绝育。据核查，米日古丽·图尔荪没有做节育手术的记录，她的父母也说她有生育能力。米日古丽·图尔荪还谎称她的弟弟艾克拜尔·吐尔逊在教培中心被虐待死亡。听到这一谎言后，她口中的“死人”艾克拜尔·吐尔逊立即公开表示，“米日古丽一贯满口胡言，不但撒谎说我死了，还造谣说看到别人死了。”

第三，米日古丽·图尔荪的儿子在乌鲁木齐市治病期间没有死亡。米日古丽·图尔荪的一个儿子曾因患肺炎、脑积水、右侧腹股沟斜疝等疾病，分别于 2016 年 1 月 14 日至 19 日、5 月 6 日至 12 日、11 月 4 日至 8 日，由米日古丽·图尔荪本人及其家人送至新疆乌鲁木齐市儿童医院住院治疗。2018 年 4 月，米日古丽·图尔荪和丈夫携这个孩子离开中国。

下面，请观看视频。

### （三）关于早木热·达吾提的情况

早木热·达吾提，女，1982 年生，乌鲁木齐市人，于 2019 年 1 月出境。

#### 1. 在境外的活动

2019 年 9 月 20 日，早木热·达吾提接受“自由亚洲电台”等媒体采访时称，她因与巴基斯坦籍男子结婚等原因，被新疆公安部门审查，关押在教培中心，并称自己遭受“残忍迫害”，“和其他被关押女性被逼迫服用避孕药”，“被强制接受绝育手术”，“被摘除了子宫”，“在结对亲戚家遭遇猪肉宴”。同年 9 月 24 日、10 月 2 日，早木热·达吾提先后参加美国务院举办的“全球宗教自由”小组会议、“新疆的人权危机”研讨会并作伪证；10 月 12 日，她称从疆内邻居处得知，她的父亲因受到警方多次审讯而死亡。

#### 2. 有关事实真相

第一，早木热·达吾提从来没有在教培中心学习过。她的五哥阿不都黑力·达吾提在接受媒体采访时称，妹妹早木热·达吾提从来没有进过教培中心。

第二，早木热·达吾提根本没有被“强制绝育”。2013 年 3 月，早木热·达吾提在乌鲁木齐市妇幼保健院妇产医院生第三个孩子时，自己在《分娩志愿同意书》上签字，表示同意剖宫产、要结扎，随后在医院做了剖宫产、结扎手术，根本没有被绝育，更没有被摘除子宫。

第三，所谓“在结对亲戚家遭遇猪肉宴”纯属无中生有。早木热·达吾提所称的“结对亲戚”，实际上是她的五哥阿布都黑力·达吾提的结对亲戚赵麒麟。2018 年 1 月，赵麒麟邀请阿布都黑力·达吾提和他的妻子霍尔克孜·艾合买提、他的妹妹早木热·达吾提，前往家中做客。赵麒麟母亲亲自下厨为客人准备饭菜。因赵麒麟母亲为回族，饮食清真，根本不可能提供“猪肉宴”。就餐期间，他们一起拍照留影。

第四，早木热·达吾提的父亲从未被拘押。据早木热·达吾提的五哥阿布都黑力·达吾提证实，他们的父亲一直同子女正常生活，从未被“调查”或“拘押”。他们的父亲因冠状动脉性心脏病死亡，根本不存在早木热·达吾提所谓“被警方多次审讯而死亡”。

下面，请观看视频。

### （四）关于古孜拉·阿瓦尔汗的情况

古孜拉·阿瓦尔汗，女，1979 年生，新疆伊宁县人。

#### 1. 在境外的活动

2020 年 1 月 15 日，古孜拉·阿瓦尔汗在接受“英国广播公司”BBC 采访时诬称，自己被拘留 15 个月，其间遭受虐待、被迫注射不明药物，获释后在一家手套厂工作，行踪必须向警察汇报，其丈夫获释后也受到监视等。

#### 2. 有关事实真相

第一，恶意拖欠银行贷款。据了解，2013 年，古孜拉·阿瓦尔汗与同村人以“五人联保”方式，向伊宁县农村信用社贷款 4 万元，贷款到期后至今未还利息，被银行列入“黑名单”。

第二，品行极为恶劣。古孜拉·阿瓦尔汗曾接受《环球邮报》采访，称自己的人生目标和理想，就是把孩子们抚养成人。但事实恰恰相反，她没有生过孩子，嫁给第三任丈夫后，对丈夫的 3 个女儿非常冷漠，出境后还想让其继女帮她偿还债务。

下面，请观看视频。

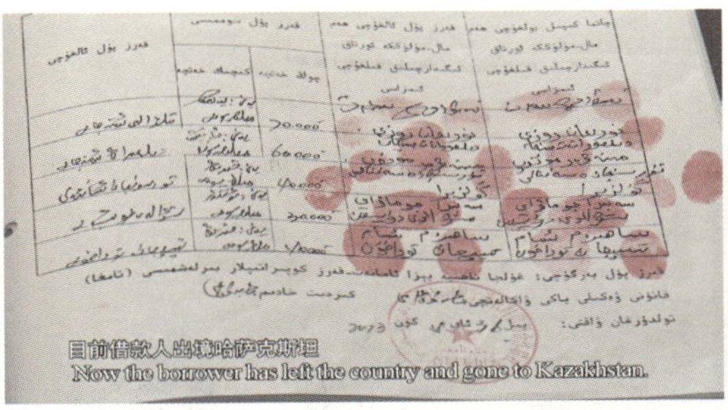

### （五）关于图尔逊娜依·孜尧登的情况

图尔逊娜依·孜尧登，女，1978 年生，伊犁州新源县人。

#### 1. 在境外的活动

2019 年 9 月 26 日，图尔逊娜依·孜尧登出境后，曾多次接受 BBC 等外媒采访，称“被关押在教培中心的女性，要么接受外科手术绝育，要么接受停止月经的药物，自己被迫接受不可逆的输卵管结扎灭菌手术”。2021 年 2 月 2 日，她接受 BBC 采访时称，“自己曾经历并目睹性虐待”。

#### 2. 有关事实真相

第一，图尔逊娜依·孜尧登从来没有做过节育手术的医学记录。

第二，图尔逊娜依·孜尧登接受采访的内容前后矛盾。今年她在接受 BBC 采访的节目中说，在教培中心警察将她打倒在地，踢她的肚子，她几乎要昏厥了。但一年之前，图尔逊娜依·孜尧登在接受美国 Buzzfeed 网站采访时，却说“我没有受到毒打和虐待”。她声称自己于 2019 年 1 月至 6 月被软禁，但其护照系 2019 年 3 月 13 日签发，按规定办理护照须由本人亲自到政府机构申请，如遭软禁，如何外出申领护照？

下面，请观看视频。

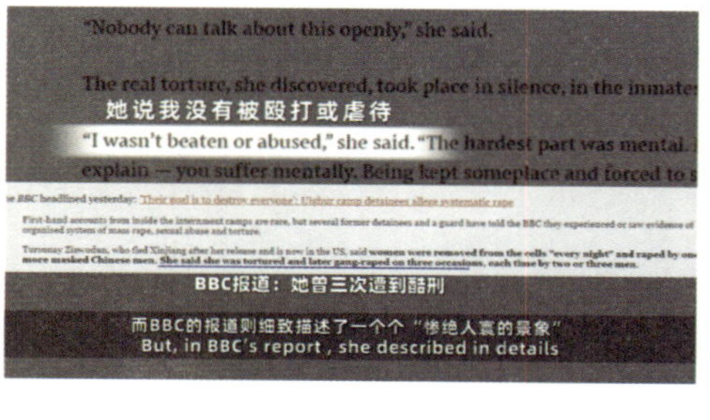

### （六）关于热黑曼·山拜的情况

热黑曼·山拜，女，1987 年生，新疆特克斯县人。

#### 1. 在境外的活动

2018 年 12 月 19 日，热黑曼·山拜出境后，接受《环球邮报》等外媒采访时称，她被“关在一间有 24 名妇女的房子里”，“曾整整一周被铐上手铐和脚镣”，而她被抓的原因是“手机里装有‘WhatsApp’软件”。

#### 2. 有关事实真相

第一，热黑曼·山拜因被举报而依法接受调查。她因被人举报手机中存储恐怖主义、极端主义音视频，且平时经常观看，依法接受派出所询问。考虑其犯罪情节轻微，有认罪悔过表现，公安机关对其批评教育后，依法对她宽大处理。

第二，热黑曼·山拜从未被关押过。她的母亲达尼西班·木沙说，“女儿因为接触宗教极端思想、涉嫌违法犯罪，确实去过派出所接受询问，但 3 个小时后就回来了。她之后一直在家里帮我和老伴照顾牛羊。”

下面，请观看视频。

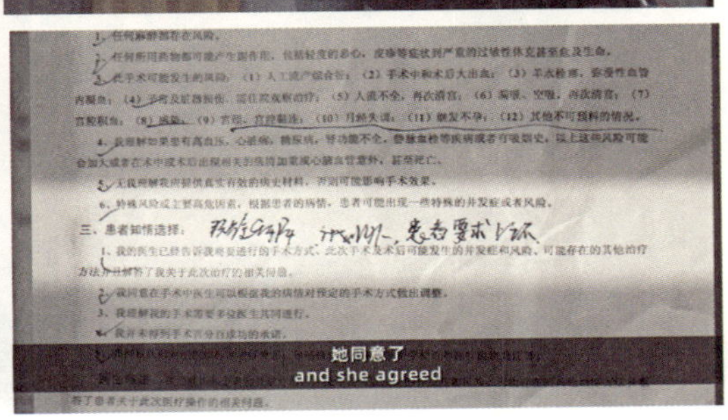

徐贵相：

第二类是利用自己家属作伪证的人。境外一些反华分子为博取国际社会同情，达到不可告人的目的，蓄意编造境内亲属“被拘捕”“遭迫害”“失踪失联”等谎言，严重误导国际社会舆论。这些人的境内亲属纷纷发声，澄清事实真相，坚决回击有关不实言论。下面，请亚力坤·亚库甫副厅长和阿克拜尔·艾克拉木副院长介绍有关情况。

亚力坤 · 亚库甫：

**（一）关于甫尔海提 · 教待提的情况**

甫尔海提·教待提，男，1992年生，新疆伊宁市人。

**1. 在境外的活动**

2011 年 1 月 23 日，甫尔海提 · 教待提出境到美国后，在多个国家组织开展“集体作证”活动，收集所谓“集中营”人员信息，并主导“Me Too Uyghur”指证活动，称其母亲被关“集中营”12 个月，被关监狱 3 个月。2019 年 3 月，他以所谓“教培中心幸存者”及其家属身份接受蓬佩奥“接见”。

**2. 有关事实真相**

甫尔海提 · 教待提与父亲、哥哥和两个妹妹在美国，其母米乃外尔 · 吐尔孙一直在社会面正常生活。据米乃外尔 · 吐尔孙说，现在她几乎每天都跟儿子视频聊天。

下面，请观看视频。

## （二）关于库扎提 · 阿勒泰的情况

库扎提 · 阿勒泰，真实姓名库扎提 · 买买提，系原“世维会”主席热比娅 · 卡德尔的侄子，男，1984 年生，新疆乌鲁木齐市人，目前在美国活动。2019 年 10 月 26 日，库扎提 · 买买提成为“美国维吾尔协会”主席。

### 1. 在境外的活动

2019 年 2 月以来，库扎提 · 阿勒泰在参加反华组织“促进中国宗教信仰自由联盟”在美国会举行的新闻发布会以及在接受媒体采访时称，其父买买提 · 卡德尔被“逮捕”，怀疑父亲死亡。

### 2. 有关事实真相

据核查，库扎提 · 阿勒泰的父亲买买提 · 卡德尔现在乌鲁木齐市，生活一切正常。

下面，请观看视频。

## （三）关于古丽且可拉·克尤木的情况

古丽且可拉·克尤木，女，1973年生，新疆乌鲁木齐市人。现系“自由亚洲电台”维吾尔语部记者、新闻主持人，“美国维吾尔协会”组织成员。2017年5月8日，因涉嫌参加恐怖组织罪被公安机关列入网上追逃人员名单。

### 1. 在境外的活动

2018年7月，古丽且可拉·克尤木参加美国“国会－行政部门中国委员会”会议并发言，称其父母被拘捕到“拘留营”。2019年3月，古丽且可拉·克尤木以所谓“教培中心幸存者”及其家属身份接受蓬佩奥“接见”。

### 2. 有关事实真相

古丽且可拉·克尤木的父母一直在正常生活。其父亲阿布都克尤木·霍加今年79岁，因脑梗瘫痪在床，母亲期曼古丽·孜克力今年73岁，患有心脏病、高血压、小腿静脉曲张等疾病，且需在家照顾瘫痪的丈夫。他们本人说，自己的身体条件已不能长途旅行出国，没有出国意愿。

下面，请观看视频。

### （四）关于依明江·赛都力的情况

依明江·赛都力，男，1965 年生，新疆伊斯兰教经学院历史系原副教授。

#### 1. 境外炒作情况

依明江·赛都力的女儿赛米热·依明江称，她的父亲依明江·赛都力因 2014 年出版了一本阿拉伯文的语法书被新疆当局逮捕，2019 年 11 月得知父亲被以“鼓动鼓吹极端思想罪”判刑 15 年。2020 年 2 月 13 日，《华盛顿邮报》记者发布题为“波士顿的维吾尔族女子为其父亲的释放而战”报道称，赛米热·依明江的父亲依明江·赛都力被中国官员拘禁，并以极端主义罪名被逮捕。

#### 2. 有关事实真相

据核查，依明江·赛都力一直在自由生活。

下面，请观看视频。

徐贵相：

还有一些利用自己家属作伪证的人员情况，请新疆维吾尔自治区高级人民法院副院长阿克拜尔·艾克拉木介绍。

阿克拜尔·艾克拉木：

**（五）关于艾拉帕提·艾尔肯的情况**

艾拉帕提·艾尔肯，男，1997 年生，新疆伊宁市人；2015 年 10 月 29 日，出境并加入“世维会”。

**1. 在境外的活动**

2019 年 2 月，艾拉帕提·艾尔肯在推特账号发文称：其母亲在 2017 年末就被关到了“集中营”，父亲艾尔肯·吐尔逊在 2018 年 3 月被抓并被判了 7 年或 11 年。2019 年 3 月，艾拉帕提·艾尔肯以所谓“教培中心幸存者”及其家属身份接受蓬佩奥“接见”。

**2. 有关事实真相**

艾拉帕提·艾尔肯的母亲、妹妹、弟弟均在社会面正常生活。其父亲艾尔肯·吐尔逊因犯煽动民族仇恨民族歧视罪、包庇罪，被人民法院依法判处有期徒刑 20 年。艾尔肯·吐尔逊本人对犯罪事实供认不讳，现在监狱服刑，身体状况良好。

下面，请观看视频。

### （六）关于热依汗·艾赛提的情况

热依汗·艾赛提，女，1981 年生，新疆乌鲁木齐市人。

#### 1. 在境外的活动

2020 年 5 月 9 日，《纽约时报》刊文称，在美维吾尔族人热依汗·艾赛提接受采访时称，其弟弟艾克拜尔·艾赛提 2016 年因参加美国国务院主办的“国际访问者领导项目”活动，回国后在新疆被捕，随后被中国政府以煽动民族仇恨罪判刑 15 年。她呼吁美国“国际访问者领导项目”主办方关注此事，促使中国政府释放弟弟艾克拜尔·艾赛提。

#### 2. 有关事实真相

热依汗·艾赛提的弟弟艾克拜尔·艾赛提，因犯煽动分裂国家罪，被人民法院依法判处有期徒刑 15 年。其本人对犯罪事实供认不讳，现在监狱服刑，身体状况良好。他被判刑是因为触犯中国法律，与是否入境美国参加活动无关。

### （七）关于马木提·阿布都热依木的情况

马木提·阿布都热依木，男，1978 年生，新疆乌鲁木齐市人，现居住在澳大利亚。

#### 1. 境外炒作情况

马木提·阿布都热依木在接受 CNN 采访时称，他与妻子木艾热木·阿不来提及孩子在 2017 年 4 月起“失联”，他因担心自己人身安全而无法回国。

#### 2. 有关事实真相

马木提·阿布都热依木的妻子木艾热木·阿不来提，受他长期灌输宗教极端和暴力恐怖思想影响，于 2012 年 11 月 30 日出境，多次参加宗教极端活动，并煽动境内人员出境，为实施暴恐活动做准备。

2015 年 12 月 6 日，木艾热木·阿不来提领受恐怖组织派遣任务回国，煽动蛊惑境内人员出境参加恐怖组织、实施恐怖活动。2020 年 6 月 19 日，喀什市人民法院以煽动民族仇恨罪依法判处其有期徒刑 9 年，目前她正在服刑。

马木提·阿布都热依木的女儿目前与其爷爷阿布都热依木·马木提生活，现在喀什市第一小学就读；儿子目前与其外婆帕提麦·阿布都肉苏力生活，现在喀什市上幼儿园。马木提·阿布都热依木 2012 年 9 月 14 日出境后，再未回国照顾过孩子及家人。

下面，请观看视频。

### 徐贵相：

第三类是被虚构经历“作证”的人。下面，请亚力坤·亚库甫副厅长介绍有关情况。

### 亚力坤·亚库甫：

在这些所谓的涉疆“数据库”中，还有大量被虚构、被歪曲、被利用的人员。比如，阿克苏地区库车市人民医院消化科医生塔依尔·艾散、退休教师阿依夏木·沙迪克，喀什地区泽普县幼儿园教师古丽巴哈尔·麦麦提，喀什日报社退休编辑、作家塔依尔·塔力甫，和田地区皮山县的安外尔·达伍提、吾麦尔·艾力、阿卜杜凯尤木·达伍提等，都被美西方反华势力诬称为“遭到拘留”，但实际上，他们都在社会上正常生活。其中，足球运动员叶尔凡·叶孜木江，正在随江苏苏宁足球俱乐部训练；哈密日报社编辑依沙克·排祖拉、哈密市民宗委退休干部早然木·塔力甫夫妇，还于2020年3月2日参加了第5场涉疆问题新闻发布会现身辟谣。

下面，请观看视频。

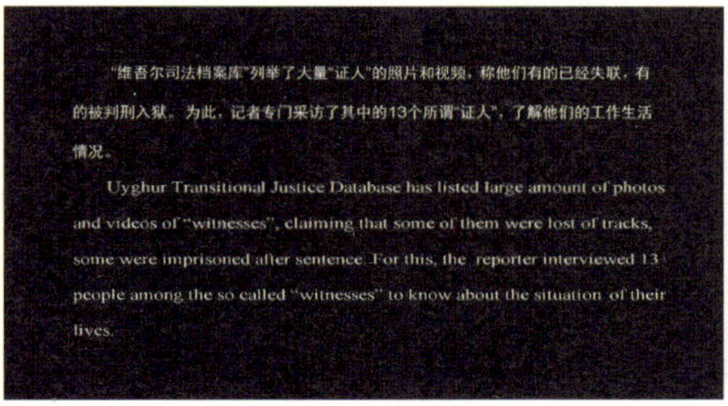

徐贵相:

第四类是被依法追究刑事责任的人。下面，请阿克拜尔·艾克拉木副院长介绍有关情况。

**阿克拜尔·艾克拉木：**

在所谓涉疆“数据库”中，还有一些人因为触犯了中国法律，被依法判处刑罚，根本不是所谓的“受害者”。比如，吐鲁番市的塞米·巴瑞，因犯组织、领导、参加恐怖组织罪，故意杀人罪，被判处无期徒刑；乌鲁木齐市的艾克拜尔·衣明，因犯组织、领导黑社会性质组织罪，强迫交易罪、抢劫罪、非法拘禁罪等罪，被依法判处有期徒刑25年；阿克苏拜城县的艾合提·吾吉，因犯故意杀人罪（未遂）、寻衅滋事罪等罪，被依法判处有期徒刑20年；喀什泽普县的阿卜杜热合曼·阿卜杜克热木，因犯猥亵儿童罪被依法判处有期徒刑4年。对于这样的犯罪分子，美西方反华势力却为他们“鸣冤喊屈”，实在是荒唐可笑！

**徐贵相：**

有关所谓“涉疆数据库”的情况就介绍到这里。

**主持人：**

今天的发布会在形式上有些特殊。刚才新疆方面花了1小时40分钟，针对外界炒作的所谓涉疆“数据库”里面存在的各种谎言谣言，对涉及的机构和人员全面深入地介绍了真实情况。接下来，由于时间关系，我们留20分钟时间回答记者提问。下面请记者提问。

## 问

**凤凰卫视：**

刚才讲到几类情况，特别是第一类和第二类作伪证和编造经历的人，有一些“证人”是被境外反华势力雇用并从中获利的。请问，关于这些“证人”与境外反华势力的关联或者关系，有没有一些具体的例子？这些例子是如何发现的？在获得资金等利益方面有没有具体的证据？

## 答

**亚力坤·亚库甫：**

刚才我们的介绍和播放的这些视频中已经讲得很具体了，也解释了您提出的这些问题。有的还在进一步了解、核实当中。之后，我们会通过多种途径进行公布。

问

香港卫视：

第一个问题：海外的一些维吾尔族人说他们被禁止回国或与家人见面，境内人员出不去，境外人员进不来。请问是否存在这种情况？第二个问题：棉花产业没有强制劳动，请问其他产业是否存在这一现象？

答

亚力坤·亚库甫：

中国是法治国家，公民的人身自由和出入境权利依法受到保护。新疆从未限制包括海外维吾尔族侨胞在内的各族群众的出入境自由，也从未限制他们与疆内亲属之间的联系。在境外，我国驻外使领馆按照《中华人民共和国出境入境管理法》《中华人民共和国护照法》等法律法规，依法保障包括新疆少数民族在内的海外华人华侨合法权益。只要属于中国籍公民，未违反我国法律法规的，均可向居住地的中国使领馆申请换发或补发护照。据我们了解，向我驻外使领馆提出换发或补发护照申请的中国新疆籍人员，绝大多数申请已获得受理并批准；仅有极少数因不符合中国法律规定，包括参与或涉嫌参与恐怖主义活动的人员，未被批准换发或补发护照。我们希望广大海外疆籍侨胞不信谣、不传谣，放心地回国探亲。

伊力江·阿那依提：

新疆不仅在棉花产业没有"强制劳动"，在其他产业也不存在"强制劳动"。2020年，中华人民共和国国务院新闻办公室发布的《新疆的劳动就业保障》白皮书，新疆发展研究中心发表的《新疆少数民族劳动就业调查报告》等文章，运用翔实数据、鲜活案例以及实地走访的方式，详细介绍了新疆少数民族群众"自愿就业""体面劳动"的事实，阐明新疆的就业政策充分尊重劳动者就业意愿，依法保障了劳动者的基本权利，帮助新疆人民创造了美好生活。在前期举办的涉疆问题新闻发布会上，来自各行各业的务工人员也讲述了他们自愿就业、稳定就业、脱贫致富的故事。

在这里，我再强调以下几点。一是新疆各族群众劳动就业均受法律保护。新疆始终遵循《国际劳工组织宪章》和相关公约精神，严格执行《中华人民共和国劳动法》《新疆维吾尔自治区贯彻〈中华人民共和国劳动法〉实施意见》《新疆维吾尔自治区实施〈劳动保障监察条例〉办法》等法律法规，把劳动关系的建立、运行、监督、调处纳入法治化轨道，严厉禁止以暴力、威胁或非法限制人身自由为手段强迫劳动。二是新疆各族群众劳动就业是完全自由的。他们有选择职业的自由，去什么地方、干什么工作都是自己的意愿，人身自由从未受到任何限制。政府所做的工作，就是健全完善各项促进就业政策，积极搭建就业信息平台，营造良好的劳动就业环境，为各族群众找到满意的工作、获得稳定的收入创造条件，最大限度保障各族群众劳动就业权利。三是新疆各族群众劳动权益依法得到保障。各族劳动者的劳动报酬权、休息休假权、劳动安全卫生保护权、获得社会保险福利权等权利均依法得到保护。各族劳动者无论在新疆还是其他地区，宗教信仰、民族文化、语言文字等方面权益均依法得到尊重和保障。

问

美联社：

关于新疆恐怖主义和极端主义的犯罪案件为什么在政府网站上找不到公开的信息？总的来说，在中国，一般我们能够在网上搜到案子相关的犯罪信息和审判信息，但是在新疆，我们却无法获得这些细节。比如，刚才您提到的一个例子，热依汗·艾赛提的弟弟艾克拜尔·艾赛提曾因煽动民族仇恨罪被判刑15年，但是我们在网上找不到他究竟为什么被判刑相关的细节。我们找不到相关的细节，就无法核实案例。能不能给我们介绍一下相关的情况？

答

徐贵相：

这个问题先请亚力坤·亚库甫副厅长回答，我再补充一下。

亚力坤·亚库甫：

有些案件在涉疆系列反恐纪录片，比如《巍巍天山——中国新疆反恐前沿》《暗流涌动——中国新疆反恐挑战》中都进行了介绍，包括过去一些没有发布的内容，这次都进行了发布。这些案件都是依法进行审判的。

徐贵相：

这可能与案件的性质有关系，有些情况是公开的，有些情况根据案件性质不一定完全公开。所有这些案件的审理和公开都是依法进行的，我们正通过多种途径陆续公布有关案件的情况。第一，今天我们就集中公布了一批信息。今天公布的这些信息，我们都会放到网上去，天山网等各个网站都可以转载，你们可以在网上查到有关情况。第二，之前提到的中国国际电视台（CGTN）拍摄的系列反恐纪录片，特别是最近《暗流涌动——中国新疆反恐挑战》介绍了不少情况。至于一些案件详情，受限于电视片时长，不会过细地呈现。为了帮助大家了解更多的细节，前几天，我们在乌鲁木齐也举办了专场涉疆问题发布会，就其中希尔扎提·巴吾东案件和沙塔尔·沙吾提“问题教材”案件邀请了新疆维吾尔自治区高级人民法院副院长王浪涛专门地、详细地作了介绍。因为发布会是在乌鲁木齐举行的，所以大家没有参与，但是这场发布会的实录和有关案件详情，都在天山网等网站上可以查到。第三，在乌鲁木齐会展中心举办的新疆反恐、去极端化重点案例展，都有很多案件的详情。从 2018 年底开始，我们邀请了 80 多批团组的 1200 多人，到新疆实地考察参访，包括前段时间来疆的上合组织官员。所有的团组，包括媒体，我们都会根据他们的意愿安排参观展览。我们也欢迎大家参观，了解案件详情。总之，我们尽最大努力，通过各种渠道向大家介绍相关情况。

**主持人：**

今天发布会到此结束。今后我们还会适时举办这样的新闻发布会，欢迎记者朋友再次参加。谢谢大家！

疆维吾尔自治区涉疆问题新闻发布会
ress Conference on XinJiang-related Issues
Xinjiang Uygur Autonomous Region
2021年4月18日
April 18, 2021

新疆维吾尔自治区涉疆问题新闻发布会
Press Conference on XinJiang-related Issues

# 新疆维吾尔自治区第 34 场涉疆问题新闻发布会实录

2021 年 4 月 18 日，新疆维吾尔自治区人民政府新闻办公室举行第 34 场涉疆问题新闻发布会，采用视频直播形式，介绍斋月期间新疆各地各族穆斯林群众宗教活动和生活情况。

徐贵相：

各位媒体记者朋友们，大家晚上好！欢迎出席新疆维吾尔自治区第 34 场涉疆问题新闻发布会。我是新疆维吾尔自治区人民政府新闻发言人徐贵相，今天的新闻发布会由我来主持。

大家知道，4 月 13 日开始进入斋月，新疆各族穆斯林按照伊斯兰教的传统，斋月期间的宗教活动正在安定祥和的氛围中正常进行。为了给大家介绍斋月期间的情况，今天我们以视频直播的形式，连线几个地州的清真寺，并请当地的宗教人士、信教群众介绍他们的斋月生活情况。

现场参加今天发布会的有：新疆维吾尔自治区人民政府新闻发言人伊力江·阿那依提先生。在各地参加发布会的有：库尔勒市团结街道团结清真寺伊玛目依明江·克热木，新疆伊斯兰教协会副会长、乌鲁木齐市洋行清真寺伊玛目木哈提热木·西日甫，乌鲁木齐市宣仁墩清真寺伊玛目迪力牙尔·塔依尔，新疆伊斯兰教协会会长、新疆伊斯兰教经学院院长阿不都热克甫·吐木尼牙孜，和田市加买清真寺哈提甫吾不力艾山·图尔荪尼亚孜，阿克苏市热斯特加玛清真寺伊玛目买买提·艾亥提，新疆伊斯兰教协会副会长、伊宁市陕西大寺阿訇马继荣，新疆伊斯兰教协会副会长、喀什市艾提尕尔清真寺伊玛目麦麦提·居马，还有部分信教群众。请他们介绍斋月生活情况。

主持人：

首先，大家一起来看看库尔勒市团结街道团结清真寺斋月活动情况。

主持人：

下面，我们来看看乌鲁木齐市洋行清真寺斋月情况。

主持人：

接下来，我们看看乌鲁木齐市宣仁墩清真寺情况。

主持人：

下面，我们来看看新疆伊斯兰教经学院情况介绍。

主持人：

近期，一些境外媒体称“中国政府强制拆除新疆的清真寺”“摧毁维吾尔穆斯林的宗教场所”。下面，请伊力江·阿那依提先生介绍有关情况。

伊力江·阿那依提：

新疆根本就不存在“强拆清真寺”的问题。新疆的清真寺大多数建于20世纪80—90年代甚至更早，这些清真寺有的原本是土坯房，有的特别狭小，有的已经成为危房，遇到刮风下雨，根本无法正常开展宗教活动，发生地震时会严重威胁穆斯林群众的人身安全。此外，还有一些清真寺布局不合理，不方便穆斯林群众进行宗教活动。这几年，随着城镇化的加快和乡村振兴战略的实施，一些地方政府根据当地穆斯林的呼吁和申请，结合城市棚户区改造、农村人居环境整治、易地扶贫搬迁等工作，按照城乡建设规划，通过新建、迁建、扩建等措施，很好地解决了清真寺危房问题，清真寺建筑更加安全，布局更加合理，深受广大宗教界人士和信教群众欢迎。目前，新疆的清真寺完全能够满足信教群众的需要。

下面，请大家观看一段视频。

主持人：

接下来，我们看看乌鲁木齐市洋行清真寺穆斯林吃开口饭和参加昏礼情况。

主持人：

下面，我们再看看乌鲁木齐市宣仁墩清真寺穆斯林群众参加昏礼情况。

主持人：

下面，我们看看新疆伊斯兰教经学院的学员们参加昏礼的情况。

主持人：

近期，一些境外媒体称“在新疆，政府不认可的一些宗教人士被收押”。下面，请伊力江·阿那依提先生介绍有关情况。

伊力江·阿那依提：

那些所谓的“被政府收押的宗教人士”，其实并不是宗教教职人员。他们是打着伊斯兰教旗号、宣扬宗教极端思想、从事分裂破坏和暴力恐怖活动的犯罪分子。他们利用穆斯林朴素的宗教感情，散布极端思想，肆意歪曲伊斯兰教教义教规，否定一切世俗观念和现代文明成果，鼓吹“圣战殉教进天堂”，残害“异教徒”“叛教者”，一些中道正信的宗教人士被他们排斥、迫害甚至杀害。比如，在宗教极端思想的影响下，曾经有一段时间，新疆发生了上千起暴力恐怖案件，造成大量无辜群众被害，就连尤努斯·斯迪克大毛拉、居玛·塔依尔等一批德高望重的伊斯兰教教职人员，都被他们残忍地杀害了。这些极端行为，给包括穆斯林在内的新疆各族人民带来了深重灾难，也极大地破坏了伊斯兰教的形象。

中国是一个法治国家，政府依法打击各类违法犯罪活动，对利用宗教进行的违法犯罪行为也不例外；在打击犯罪的过程中，从来没有针对过哪一个特定的宗教。宗教极端主义打着伊斯兰教旗号，但完全违背宗教教义，并不是伊斯兰教，实际上是反人类、反社会、反文明、反宗教的毒瘤，与伊斯兰教等宗教倡导的爱国、和平、团结、中道、宽容、善行等教义具有本质区别。事实上，打击宗教极端就是为了更好地保护合法宗教。现在新疆已连续 4 年多没有发生暴恐案件了，各族群众都坚决拥护政府采取的措施。

**主持人：**

下面，我们请和田市加买清真寺哈提甫吾不力艾山·图尔荪尼亚孜介绍有关情况。

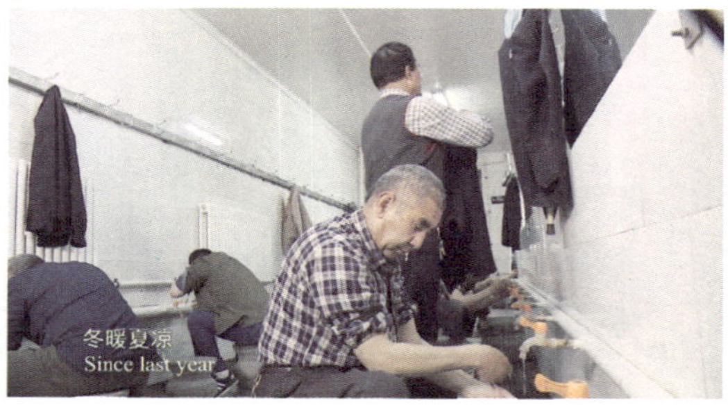

**主持人：**

请阿克苏市热斯特加玛清真寺介绍一下斋月情况。

主持人:

下面，请伊犁州伊宁市陕西大寺阿訇马继荣介绍有关情况。

主持人:

请喀什市艾提尕尔清真寺伊玛目麦麦提·居马介绍有关情况。

主持人：

下面，请把画面切到和田，看看和田市加买清真寺穆斯林参加昏礼情况。

主持人：

接下来，让我们再次连线新疆伊斯兰教经学院礼拜殿，看看他们疫情防控消杀情况。

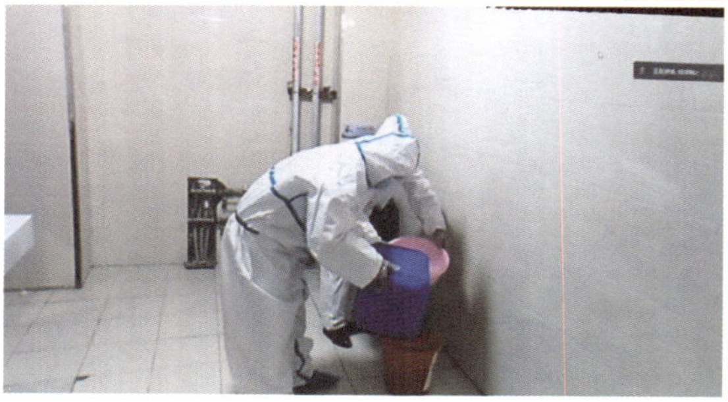

主持人：

下面，我们跟着镜头，到现场看看阿克苏热斯特加玛清真寺穆斯林参加昏礼情况。

主持人：

下面，请伊力江·阿那依提先生介绍新疆穆斯林学习宗教知识的状况。

伊力江·阿那依提：

新疆穆斯林学习宗教知识，主要有四种方式：

一是在清真寺学习。通过宗教教职人员讲解，来获得宗教知识。比如，宗教教职人员在寺里就经常给穆斯林讲《古兰经》《圣训》和宗教礼仪等，讲授如何做礼拜、如何正确诵读经文等。

二是在宗教院校学习。新疆现有新疆伊斯兰教经学院和伊犁、乌鲁木齐、和田、喀什等 8 所新疆伊斯兰教经学院分院，以及新疆伊斯兰教经文学校，共 10 所伊斯兰教院校。开设的课程有宗教知识类，比如，伊斯兰教教义学、圣训学、古兰经诵读学、阿拉伯语等；有法律类，比如，宪法、民法典、宗教事务条例、去极端化条例等；有文化历史类，比如，中国历史、伊斯兰教历史文化、计算机、国家通用语言文字等。有意愿的、符合条件的穆斯林群众都可以来学习。

三是通过阅读宗教经典学习。新疆伊斯兰教教务指导委员会翻译出版了汉文、维吾尔文、哈萨克文、柯尔克孜文 4 种文字的《古兰经》《布哈里圣训实录精华》等宗教经典书籍，编印了《卧尔兹演讲集》《新疆伊斯兰教教务活动手册》，供宗教教职人员和穆斯林学习使用。

四是通过杂志、网站学习。中国伊斯兰教协会有《中国穆斯林》杂志和网站，为穆斯林学习宗教知识提供了平台和渠道。

新疆各族穆斯林学习宗教知识的方式是多样的，渠道是畅通的，完全能够满足穆斯林学习宗教知识的需要。

主持人：

下面，请继续连线伊宁市陕西大寺，我们来看看穆斯林参加昏礼情况。

主持人：

现在离喀什地区做昏礼的时间，还有十几分钟。我们一起来看看一些地方穆斯林群众今天早晨吃斋饭的视频。

主持人：

最后，请视频连线喀什市艾提尕尔清真寺，我们来看看那里的穆斯林群众参加昏礼情况。

主持人：

今天我们向各位直播了新疆乌鲁木齐市、库尔勒市、和田市、喀什市、阿克苏市、伊宁市等部分清真寺的情况和信教群众参加宗教活动的现场，同时也介绍了新疆穆斯林学习宗教知识的渠道，希望各位通过今天的发布会，对新疆尊重和保护宗教信仰自由情况有进一步的直观、深入的了解。今天的发布会到此结束，谢谢大家。

中 外

# 新疆维吾尔自治区第 35 场涉疆问题新闻发布会实录

2021 年 4 月 30 日，新疆维吾尔自治区人民政府新闻办公室举行第 35 场涉疆问题新闻发布会，进一步介绍有关新疆劳动就业问题的事实真相，回应近一段时间国际上一些反华势力炮制新疆存在“大规模强迫劳动”的虚假消息。这也是 2020 年 12 月以来在北京举行的第 8 场涉疆问题新闻发布会。发布会邀请到新疆维吾尔自治区人民政府研究室副主任段万钧、中国国际贸易促进委员会新疆维吾尔自治区委员会会长姚玉珍、新疆维吾尔自治区服装（服饰）行业协会副会长乌布力艾散·乌布力喀斯木、新疆维吾尔自治区棉花协会副会长彭长明、大全新能源公司董事会秘书何宁、新疆阿克苏华孚色纺有限公司轮值厂长帕提古丽·图尔荪、伊犁服饰企业员工代表艾丽达·吐尔阿合买提，就新疆的劳动就业情况作相应介绍并回答记者提问。

**外交部新闻司参赞毕海波（主持人）：**

各位记者朋友，上午好！欢迎大家参加在外交部外国记者新闻中心举办的第八场涉疆问题新闻发布会。一段时间以来，国际上一些反华势力炮制出新疆存在“大规模强迫劳动”的虚假消息，一些国家偏听偏信，以所谓“强迫劳动”为借口，对新疆企业实施无理制裁。

今天，我们在此举办涉疆问题专场新闻发布会，进一步介绍有关新疆劳动就业问题的事实真相。现在请新疆维吾尔自治区人民政府新闻发言人徐贵相为大家介绍有关情况。

**徐贵相：**

大家上午好！今天，我们在此举办专场涉疆问题新闻发布会。在座很多媒体记者都是老朋友了，大家参加了前面的一些发布会，发出了很多报道。在此，我们表示真诚感谢。我先介绍一下出席今天发布会的新疆方面人员，他们分别是：新疆维吾尔自治区人民政府研究室副主任段万钧，中国国际贸易促进委员会新疆维吾尔自治区委员会会长姚玉珍，新疆维吾尔自治区服装（服饰）行业协会副会长乌布力艾散·乌布力喀斯木，新疆维吾尔自治区棉花协会副会长彭长明，大全新能源公司董事会秘书何宁，新疆阿克苏华孚色纺有限公司轮值厂长帕提古丽·图尔荪，伊犁服饰企业员工代表艾丽达·吐尔阿合买提。接下来，他们将就新疆的劳动就业情况作相应介绍。

之所以安排新疆的劳动就业方面的内容，是因为近年来，美西方反华势力以所谓新疆存在“强迫劳动”为借口，通过实施暂扣令、将新疆有关机构和企业列入“出口管制实体清单”等手段，打压新疆的纺织服装、番茄和高科技产业，使部分企业受到不同程度的影响。2021 年年初，美国太阳能行业协会又宣布组建所谓“反强迫劳动”联盟，矛头直指中国新疆光伏产业，企图用打击新疆棉花产业的手法，给新疆光伏产业扣上“强迫劳动”的帽子，遏制新疆光伏产业发展。今天我们也特意邀请到了大全新能源公司董事会秘书何宁先生，介绍有关新疆光伏产业发展情况。4 月 21 日，美国国会众院外委会审议通过所谓《维吾尔强迫劳动预防法案》，诬称中国在新疆进行“强迫劳动”，鼓噪对我有关实体和个人进行问责、制裁。

所谓新疆存在“强迫劳动”完全是个伪命题。一是新疆各族群众劳动就业均受法律保护。新疆始终遵循《国际劳工组织宪章》和相关公约精神，严格执行《中华人民共和国劳动法》等法律法规，各种劳动关系的建立、运行、监督、调处都是在法治化轨道上进行的。二是新疆各族群众劳动就业是完全自由的。各民族包括维吾尔族群众在内，他们有选择职业的自由，去什么地方、干什么工作都是自己的意愿，人身自由从未受到任何限制。政府所做的工作，就是健全完善各项促进就业政策，积极搭建就业信息平台，提供良好的劳动就业环境。三是新疆各族群众劳动权益依法得到保障。各族劳动者的劳动报酬权、休息休假权、劳动安全卫生保护权、获得社会保险福利权等权利均依法得到保护。各族劳动者无论在新疆还是其他地区，宗教信仰、民族文化、语言文字等方面权益均依法得到尊重和保障。

美西方反华势力凭空捏造涉疆“强迫劳动”谬论，肆意打压新疆相关产业和企业，严重违反国际法和国际关系基本准则，严重违反市场经济原则和自由贸易规则，严重破坏全球产业链、供应链、价值链，也损害了各方利益，是赤裸裸的强权政治和霸凌行径。他们的根本目的，就是对新疆进行“产业灭绝”，破坏中国参与全球价值链的合作，削弱中国企业的国际竞争力，将中国排斥在世界市场之外，在更大范围实现“以疆制华”图谋。新疆方面将采取有力措施坚决回击，誓与各种反华势力斗争到底。

接下来，请参加发布会的有关人员结合各自实际，介绍有关情况。

徐贵相：

首先，请中国国际贸易促进委员会新疆维吾尔自治区委员会会长姚玉珍介绍有关情况。

姚玉珍：

近年来，美西方反华势力蓄意捏造“强迫劳动”罪名，对新疆棉花和纺织服装供应链持续进行打压、制裁。近日，若干服装品牌商发表声明禁用新疆棉花，严重损害新疆棉纺织产业声誉，造成恶劣影响。依法保障和维护新疆外贸企业声誉和各族劳动者合法权益是新疆贸促会的重要使命，美西方反华势力的造谣污蔑严重损害新疆纺织服装企业利益，严重损害各族劳动者的名誉和人格尊严，我们在此表示强烈愤慨和坚决反对！

事实上，新疆棉花种植和纺织服装行业始终把保障劳动权作为维护人的尊严、保障人权的基本内容之一，依法保障各族群众的劳动权利，积极践行国际劳工和人权标准，充分尊重劳动者意愿，努力改善劳动环境和劳动条件，根本不存在任何“强迫劳动”。

在新疆，农民种什么，是农民自己的意愿。相比种粮，种植棉花经济收入更高，农民种植棉花的积极性也更高。从播种到采收，再到出售，各个环节都是自由和自主的，没有理由也没有必要进行任何干涉和强迫。新疆的棉花生产早已经实现了高度机械化，即使在忙碌的采摘季节，也不需要大量的“采棉工”。据新疆农业部门发布的2020年数据显示，新疆棉花机械采摘率已达69.83%。随着机采棉的普及，如今采棉用工量大大减少，更不存在“强迫劳动”。

新疆纺织服装企业始终把职工意愿作为基本依据，依法保障各族职工享有平等的就业机会和就业权利，始终致力于创造公平、自由、有保障的就业环境，以吸引、留住各族职工特别是少数民族职工，激发他们工作的积极性、主动性和创造性，提高他们的劳动技能、文化素质，实现企业长远发展与职工个人发展的紧密结合。纺织服装企业自主招聘聘用职工，对不同民族、不同性别、不同宗教信仰的职工一视同仁。企业与职工签订劳动合同，为职工提供必要的报酬，提供良好的工作生活条件，为有关少数民族职工提供清真饮食，确保他们工作舒心、生活安心、家人放心。企业均建立了工会，保障包括少数民族职工在内的全体职工合法权益。一些纺织服装企业实施BSCI（商业社会标准认证）、SLCP（社会劳工整合项目）等劳工和社会标准，其中一些企业接受并通过了国外第三方评估机构作出的人权状况评估。如，2019年，阿克苏华孚色纺有限公司在“社会劳工整合项目”审核中，准确性指数达到96.9%，充分证明该企业不存在所谓的“强迫劳动”。

在新疆纺织服装企业就业的少数民族等各族职工合法权益得到有效保障。新疆少数民族群众拥有择业自主权，在纺织服装企业就业后，均自愿依法与企业签订劳动合同，建立受法律保护的劳动关系，人身自由从未受到任何限制；少数民族职工享受同工同酬，同等享受养老、医疗、失业、工伤、生育等社会保险；少数民族职工的风俗习惯、宗教信仰自由和使用本民族语言文字等权利均得到充分尊重和保障。许多少数民族职工在纺织服装企业稳定就业后，还介绍自己的亲友、同乡到企业就业。

事实证明，所谓新疆存在少数民族被“强迫劳动”现象，完全是与事实不符、于理不通的谎言。在此，我们强烈敦促西方一些机构和人员正视事实、放下偏见，立即停止炒作所谓的“强迫劳动”问题，立即停止对中国新疆纺织服装供应链及相关产品实施任何限制，不要在错误的道路上越走越远。

## 徐贵相：

下面，请大家观看一段视频。

徐贵相：

下面，请新疆维吾尔自治区服装（服饰）行业协会副会长乌布力艾散·乌布力喀斯木介绍有关情况。

乌布力艾散·乌布力喀斯木：

我是新疆服装（服饰）行业协会副会长乌布力艾散·乌布力喀斯木。近期，美西方反华势力以所谓“强迫劳动”为由，蓄意捏造、歪曲事实，对新疆服装企业进行打压制裁，我代表新疆服装（服饰）行业协会及新疆服装企业、全体员工，表示强烈愤慨和坚决反对！

新疆服装（服饰）行业协会是服务新疆服装企业的社团组织，始终致力于维护员工合法权利。我们充分利用政府颁布的一系列优惠政策措施，支持服装产业发展，增加劳动就业岗位，帮助农村富余劳动力就地就近自主就业、有序进城就业。我们严格要求企业依据《中华人民共和国劳动法》等法律法规招录适龄劳动力，员工可以根据企业招录的岗位信息、工作环境、薪酬福利待遇等情况，自主选择用工单位，实现完全自主的“双向选择”。

新疆服装企业依据《中华人民共和国劳动合同法》等相关法律法规，与员工在平等自愿的前提下签订劳动合同；按照《国务院关于职工工作时间的规定》等相关规定确定的工时制度开展生产劳动。在薪资分配中，均实行“按劳分配、多劳多得”的公平分配原则，企业根据员工生产任务完成情况，支付相应的薪酬待遇，并按时足额缴纳“五险”。同时，企业提供内部技能培训通道，不断提升职工发展空间，职工收入水平逐步提高，助力贫困家庭实现了“一人就业、全家脱贫”。例如，喀什地区适龄劳动力在家务农，人均年收入约4000元，到企业务工后，人均年收入平均在3万元以上。员工通过辛勤工作，改善了家庭生活面貌，获得感、幸福感显著增强。

新疆服装企业充分尊重少数民族员工的择业自由和人身自由，充分尊重和保障他们的宗教信仰自由权利，充分尊重和保障他们使用本民族语言文字的权利，充分尊重和保护他们的风俗习惯。企业为少数民族员工提供免费清真餐饮并提供宿舍；购置文体娱乐用品，组织开展文艺晚会、联谊会和节庆日聚餐、座谈等活动，不断丰富他们的业余文化生活。

多年来，新疆服装行业发展势头良好，企业提供了大量就业岗位，积极帮助各族群众劳动就业，充分保障各族员工的合法权益，各族员工的生活水平显著提升，这是有目共睹的事实。新疆服装企业根本不存在“强迫劳动”的情况，任何造谣诽谤都抹煞不了新疆服装企业各族员工通过自己勤劳的双手创造幸福生活的事实。

徐贵相：

下面，请大家观看一段视频。

徐贵相：

下面，请新疆维吾尔自治区棉花协会副会长彭长明介绍有关情况。

彭长明：

最近，西方一些国家和行业协会以所谓“强迫劳动”为由，对新疆棉花行业进行制裁。新疆棉花协会对这种丑恶行径表示强烈不满和极大愤慨。我们在此严正声明：坚决反对任何污名化新疆棉花的行径，坚决反对某些国际品牌、机构基于谎言和虚假信息排除新疆棉花及其制品的行为。所谓新疆存在“强迫劳动”，完全是子虚乌有，是彻底的谎言和政治操弄。

新疆有着得天独厚的自然条件，阳光充足，棉花生长周期长，既是全国最大的优质棉花生产基地，也是全球最重要的优质棉生产基地之一，在中国乃至世界都占有举足轻重的地位。新疆棉花年产量在570万吨左右。新疆棉花生产涵盖面广，50%以上农民种植棉花，棉花已成为新疆当地农民，特别是南疆有关地区农民的主要收入来源，植棉收入占到农业总收入的80%以上。新疆棉花的生产和发展保障了新疆棉花种植户和棉纺织工人及其家庭成员的生计，改善了他们的生活。特别是近年来机采棉的推广和普及，提高了新疆种棉效率，极大降低了种植成本特别是人工成本的支出。

新疆棉花产能的提升有力带动了新疆棉纺织工业的发展。目前，新疆棉纺织产业解决当地近百万人就业，成为促进贫困劳动力就业、助力脱贫攻坚的重要途径之一。新疆棉纺织工业作为当地纺织服装行业的重要组成部分，为消除当地贫困作出了巨大贡献。

长期以来，新疆棉花协会致力于推动新疆棉花产业的高质量、可持续发展，以“环境友好、体面劳动、品质优良、全程可追溯”为棉花及其制成品生产标准，不断提高棉花及棉产品生产经营的组织化、专业化程度，全面打造新疆棉制品优质形象。我们将继续坚定维护新疆棉花全产业链的合法权益与根本利益，继续为协会会员和行业服务，在政府和企业、棉农之间发挥好“桥梁”和“纽带”作用，促进新疆棉花产业健康发展。

新疆棉花协会欢迎纺织供应链体系上的海外品牌商、跨国企业到我们新疆考察，来看看我们新疆棉花产业的蓬勃发展、万亩棉田的喜人景象，实地了解我们新疆棉花种植、棉纺产业发展情况，了解我们新疆各族群众就业扶贫情况，基于客观事实开展商业决策。我们期待与广大棉纺织企业、机构构建客观、友好的纺织产业合作关系。

徐贵相：

下面，请大家观看一段视频。

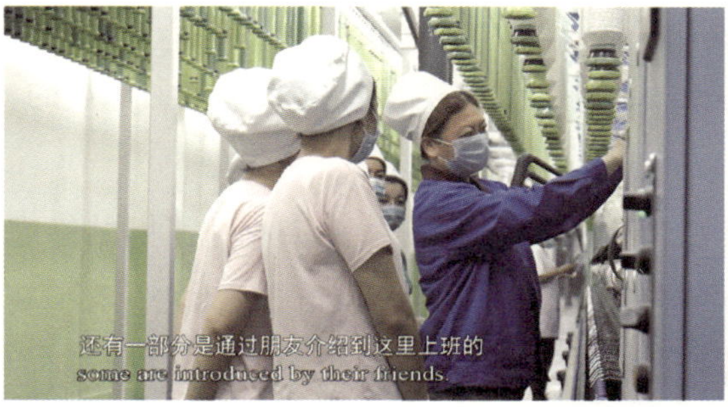

徐贵相：

下面，请大全新能源公司董事会秘书何宁介绍有关情况。

何宁：

2021年年初，美国太阳能行业协会宣布组建所谓“反强迫劳动”联盟，矛头直指中国新疆光伏产业，企图用打击新疆棉花产业的手法，给新疆光伏产业扣上“强迫劳动”的帽子，遏制新疆光伏产业发展，破坏中国参与全球光伏产业价值链的合作。对此，我们深表愤怒并予以强烈谴责。

新疆大全新能源股份有限公司是大全新能源公司在新疆石河子市投资建设的高纯多晶硅生产企业。2020年，多晶硅总产量7.73万吨，总产值49亿元。目前我们的产品100%是在中国国内销售的。

我公司的员工来自重庆、甘肃、河北和新疆，主要通过网络招聘、校园招聘、人才市场、员工介绍等渠道而来。我们几乎所有的员工，都是具备专业化工相关知识和技能的工程师和技术工人。他们所有人，包括少数民族员工，都是本着自愿平等的原则，与公司依法签订劳动合同，获取相应报酬。每一个人都是自愿就业、自主择业的，来去自由。

需要强调的是，我公司是合法注册、依法依规生产经营的民营企业，我们始终遵循《国际劳工组织宪章》和相关公约精神，严格遵守《中华人民共和国劳动法》和《新疆维吾尔自治区职工劳动权益保障条例》等法律法规，忠实履行社会责任，恪守商业道德准则，依法保障少数民族员工平等就业、不受歧视，保障他们的行动自由，保障他们的劳动报酬权、休息休假权、劳动安全卫生保护权、获得社会保险福利权等权利。我们公司员工平均工资 6000 元 / 月，大家都十分满意，也很珍惜现在工作的机会，根本不存在所谓“强迫劳动”、“监视”少数民族员工、“压制”少数民族员工的风俗习惯和宗教信仰等问题。

推动以光伏为代表的可再生能源发展，促进能源变革已成为世界各国发展共识。中国光伏产业并不单单为某一国市场服务，而是为全球市场服务。同时，我们也不会惧怕任何不公平的待遇。如果要对新疆光伏进行“产业灭绝”，恐怕要问问整个中国的光伏产业和全世界的光伏市场是不是答应！

最后，我代表公司向全世界太阳能光伏产业从业人员，包括美国太阳能产业的从业人员，也包括美国太阳能产业协会的朋友们，以及全世界太阳能产业的投资人发出诚挚邀请。真诚地邀请大家来新疆石河子看一看，看一看新疆人民的真实生活情况，也来新疆大全看一看，什么是全世界先进的高度自动化、数字化、智能化多晶硅工厂。谢谢大家。

徐贵相：

下面，请伊犁服饰企业的员工代表艾丽达·吐尔阿合买提介绍有关情况。

艾丽达·吐尔阿合买提：

我叫艾丽达·吐尔阿合买提。2018 年 1 月，我在村委会听到我们公司招聘员工的消息，我立即在村委会报了名。通过面试，我顺利地成了公司的员工，并签订了劳动合同。

现在，我在公司工作已经 3 年多了，学会了使用电脑，学会了统计。现在我成了公司的人事主管，我的工资从刚开始的 2000 元涨到了现在的 4500 元。因为我参加了工作，我们一家的生活有了很大的改善。我父母都是农民，家里经济条件一般，现在，

我每个月都能按时领到工资，不仅能给自己买喜欢的东西，每月还能给父母生活费，还给父母装修了房子。

作为人事主管，我非常清楚公司招工和管理的情况。公司的员工都是通过招聘会、老员工介绍等方式自愿进入的。公司每月按时发工资，还给我们员工缴纳了养老保险、医疗保险等“五险”，解决了我们的后顾之忧。公司每月还会根据考核成绩，选出优秀员工进行表彰奖励。2019年，我被评为公司优秀员工，公司奖励了我一台电冰箱。我们公司的福利也非常好，公司安排了班车接送我们上下班，还给我们提供免费的午餐和宿舍。公司经常会举办联欢活动，古尔邦节和肉孜节还会给我们发放大米和油等生活用品。每逢元旦，公司还举办年会活动，评选年度优秀员工，奖励他们液晶电视、全自动洗衣机、电动车等。我和我的工友们有收入、有面子、有欢笑。这就是我想要的生活，这就是我喜欢的生活。

一些别有用心的人不顾事实，污蔑我们有“强迫劳动”，打压我们的公司，干涉我们的生活，我们非常愤慨！

我们是自愿选择到公司上班的，怎么说是“强迫劳动”呢？我们在厂里没有受到任何歧视，宗教信仰、生活习俗、使用民族语言的权利都得到极大尊重，怎么说是“强迫劳动”呢？我现在工作好、生活好，靠自己的双手养活自己、补贴家人。我想问问那些人，我们追求美好的生活难道有错了吗？

徐贵相：

下面，请新疆阿克苏华孚色纺有限公司轮值厂长帕提古丽·图尔荪介绍有关情况。

帕提古丽·图尔荪：

我是新疆阿克苏华孚色纺有限公司轮值厂长帕提古丽·图尔荪。

我公司是华孚时尚股份有限公司旗下最大的色纺生产基地，成立于2010年12月。2019年底已建成投产纺纱78万锭和染色4万吨生产线，全年生产棉纱9.7万吨，完成工业总产值24.1亿元。目前，我公司有员工4462名（其中，少数民族员工占比88%）。华孚已成为解决当地劳动力就业最多、社会贡献突出的优秀企业，为助力新

疆纺织产业发展和脱贫攻坚发挥了积极作用。

我公司始终奉行“以人为本，诚信经营，做强企业，服务社会”的企业精神，牢固树立依法经营、诚信经营的观念，遵守国家法律法规，依法保障职工权益，依法履行纳税等法律义务，公司的信誉度和影响力不断提升。

我公司本着自愿的原则，采取自愿报名方式吸纳员工，重点吸收农村富余劳动力，帮助其就业。我公司与员工签订劳动合同，每月按时足额发放工资，切实保障企业员工的薪酬待遇。目前，员工月平均工资3300元左右，已累计使2600多户贫困家庭实现了脱贫。公司还给予员工大家庭一般的关爱，安排车辆免费接送员工上下班，解决周转房、子女就学等问题。公司注意倾听员工意见建议，积极维护员工权益，及时解决好员工诉求。

我们少数民族员工的个人发展权利在公司得到了充分保障。我公司十分注重培训工作，对新招录的员工进行不少于一周的岗前培训，让他们掌握技能，了解企业文化、安全生产以及劳动权益保障等方面的内容，为他们的职业发展开辟通道；公司在招工等方面对各民族一视同仁，吸纳的员工多数为本地少数民族；公司把培养少数民族员工骨干作为队伍建设的重要内容，将有一定管理基础、爱岗敬业、业务精湛的少数民族员工安排在班组长以上的工作岗位，现已有150多名少数民族员工在班组长、教练等基层管理岗位上发挥着传帮带作用。近年来，少数民族员工素质不断提升，很多人获得了行业表彰和奖励，包括我自己。我当时还是一名自动络筒工序教练，有幸荣获了全国第四届纺织行业劳动模范称号；我们五厂前纺班长努尔古丽·吐地被评为2017年感动华孚人物。

去年10月，阿拉伯国家驻华使节和阿盟驻华代表来我公司参观。有的使节说：“这家公司办得非常好，这些员工在这里工作生活都非常愉快，完全拥有自己所有的权利。”还有使节说：“华孚公司的员工享有舒适稳定的生活，在衣、食、住、培训等方面都有很好的待遇。”

美国政府罔顾事实、颠倒黑白，凭空捏造“强迫劳动”罪名，肆意对我们进行打压制裁，我公司表示强烈愤慨，坚决反对！我公司将全力捍卫新疆纺织企业形象，坚决维护新疆纺织企业的合法权益。

徐贵相：

下面，请新疆维吾尔自治区人民政府研究室副主任段万钧先生介绍政府在支持企业发展方面的有关情况。

段万钧：

一段时期以来，美西方以所谓的“强迫劳动”为由，对新疆纺织服装、番茄加工、金融和高科技等产业实施无理制裁，致使部分企业产品出口受阻、营业收入下降，部分企业订单减少、员工分流，还有部分企业不能使用美元跨境结算，外经贸发展受到制约等。

企业是市场经济的主体，是社会财富的创造者。新疆维吾尔自治区政府坚决维护受制裁企业合法权益，围绕构建国内国际双循环的新发展格局，以市场为导向，以产业结构调整为抓手，以政策扶持为保障，实施产业、财税、金融政策“组合拳”，坚决维护国家产业安全。我们利用自贸区安排、多双边合作机制，引导企业利用跨境电商、海外仓等新业态新模式等，“一国一策”开拓多元化国际市场。比如，在加快产业结构调整方面，我们持续优化棉花种植布局，加快棉花、番茄等的品种改良培育，不断提高新疆产品品质和市场竞争力。比如，对有关技术和装备进行自主研发，推进装备国产化进程。比如，实施积极的援企稳岗促就业政策，开展银企对接，着力改善企业融资环境，通过政策组合帮扶企业积极应对挑战。事实证明，在经济全球化时代，开放融通是不可阻挡的历史趋势，人为的“筑墙”“脱钩”，既违背经济规律和市场规则，也不符合中美两国企业和人民的利益。我们应本着相互尊重、平等相待、合作共赢的原则，加强对话交流、深化合作共赢，共同为增进两国人民福祉、为世界和平发展作出积极的贡献。

徐贵相：

新疆有关行业劳动就业情况就介绍到这里。

主持人：

接下来，我们留一些时间回答记者提问。下面，请记者提问。首先，请美国彭博社记者提问。

# 问

美国彭博社：

我的问题是向何宁先生提的。实际上我有三个问题。第一个问题是，您刚刚说了公司邀请了国际组织去贵公司参观，实际上我曾经也想去您的公司参观。今年3月份我去过石河子，此前我尝试了多次才获得邀请。参观您的公司每一步都很艰难，到了石河子以后，我受到了警察的跟踪和骚扰，所以我的问题是您如何能够确保您的承诺是可信的？你会允许国际组织包括一些反华机构和国际劳工组织的有关机构进入工厂去核实这些情况吗？从我个人的经历来看，去核实这些情况是很困难的，基本上是不可能的。第二个问题是，贵公司和新疆生产建设兵团之间到底是怎样的关系？因为大家都知道新疆生产建设兵团是受到美国政府制裁的。第三个问题是，贵公司是否接受了政府劳动力转移计划下的一些员工，如果是的话，到底有多少人？

# 答

何宁：

关于第一个问题，我可以明确地告诉大家，我们确实在之前接到过自称是来自彭博社的一位女士打来的电话，说希望能够参观我们新疆的工厂。是我本人接到的这个电话，当时我本人是在春节前的休假期间，我跟她说不是很方便，因为我们已经进入了一个休假的状态，加之是疫情期间，政府对交通进行了管控，是有限制的，建议大家不要白白地跑来跑去了。这并没有拒绝说你们不能来，而是时间点确实不方便。所以这个是没有问题的。就像我刚才的表态，我们是非常真诚的，我们是一个在纽交所上市十多年的公司，在疫情之前的每一年都会多次邀请国内国外的投资者到公司来看。目前，我国的疫情已经有了很大的好转，我可以明确告诉大家：5月12日，中国有色金属总会的硅业分会就会在新疆石河子市举办活动，我们作为参办单位之一，会举行一个比较大型的中国硅业的会议。届时，仅中国国内就有四五十位投资人到我们工厂参观，我们也特意邀请了包括香港地区和海外在内的覆盖我们太阳能行业的分析师，亲自到我们工厂全程参观，这是我们的一种非常开放的态度。你刚才提到，如果有第三方的审计机构，不管他是哪一个，只要他秉持公平公正的立场，我们都非常欢迎到公司来参观，乃至调查我们的用工情况。

主持人：

关于这个问题，我们请新疆维吾尔自治区人民政府新闻发言人徐贵相先生来进行更全面、更准确的补充回答。

徐贵相：

你提到了关于到新疆去访问或者采访受阻的事。首先，我们向在座的媒体表示：我们的态度是真诚的，新疆是开放的，希望大家多到新疆去走一走，看一看，通过大家的镜头、频道，来真实展示新疆的情况。在具体的工作中，目前我们还没有掌握你所说的“跟踪”“骚扰”。但是我想，新疆既然是开放的，自然不会拒绝大家。第二点，如果新疆基层真有你提到的那种不太顺畅的情况，可能是具体衔接当中存在一些细节问题，我们会很重视，会从自治区新闻办公室的角度，积极地疏通有关的环节，来协助大家在新疆顺利开展工作。我们会尊重你们的意见，尽可能地满足你们的要求。如果你们愿意的话，我们会提供周到细致的服务。如果你们不需要，我们也会将有关方面衔接好，为你们的采访提供便利。第三点，如果你们在新疆遇到一些情况的话，希望你们随时和我们联系，也可以和外交部新闻司联系，我们一定会积极协调。同时也避免新疆的一些基层对你们不了解，或者会误认为骗访的来了，因为以前新疆曾经发生过这样的事，一些人打着媒体的旗号，到企业去骗访，去欺骗人家，结果带来了非常不好的影响。不知道大家记不记得，在以前的新闻发布会上，我们就提到过利昂公司被骗访的事。对于这样的事，无论是新疆的企业，还是基层的百姓们都很反感，也必然会引起基层的一些单位和人员的警觉。在座的都来自世界上的一些大牌媒体，相信大家会大大方方地通过正常渠道抵达新疆开展工作。我们很期待大家去新疆参访，也会很热情接待大家的。

何宁：

他的第二个问题是关于新疆生产建设兵团的。对于新疆生产建设兵团，可能一些外国朋友不是很了解。石河子这个城市，听起来似乎与什么“兵团”

相关，实际上不是的，她就是一座再正常不过的城市。我们企业，只是一个在这座城市建厂的正常的私营企业。关于你所提到的第三个问题，我可以非常明确地告诉你，我们没有一个员工是接受政府“劳动力转移”的。

徐贵相：

关于新疆城乡富余劳动力转移就业的一些情况，我们下面请自治区人民政府研究室副主任段万钧先生来回答。

段万钧：

新疆实施的城乡富余劳动力转移就业，一直遵循自愿原则，不会强迫任何人员转移就业，更不会对任何人员进行政治审查。

在实际工作中，为给各族群众找到满意的工作，使他们获得稳定的收入，各级政府积极搭建就业信息平台，联系内地用人单位，收集整理岗位信息，通过人力资源市场、公共就业服务机构、公共就业服务网络平台、广播、电视、村社区宣传栏等渠道及时公开发布，为劳动者自愿就业、自由择业提供信息等服务。各族劳动者通过人力资源市场、基层劳务保障站所等了解招工信息，包括务工地气候以及用工企业工种、食宿条件、工资待遇等情况。在了解清楚这些信息后，他们会根据自身情况自愿报名，包括去什么地方、选择哪个企业和岗位都是自由选择。

员工合同期满后，可以自由选择续签合同或离开企业。合同存续期间，如果他不想在企业工作了，员工也可以与企业商议，解除劳动合同。今年 3 月，暨南大学发表了一篇《“强迫劳动”还是“追求美好生活”？——新疆工人内地务工情况调查》的报告，运用详实的数据、鲜活的案例以及实地走访的方式，详细介绍了新疆少数民族群众自愿就业、体面劳动的事实。大家如果有兴趣，可以去看看。

主持人：

下一个，请香港无线电视台记者提问。

## 问

**香港无线电视台：**

这几个月来，外国一些企业以新疆“强迫劳动”为由，相继声称要抵制中国产品，据你们掌握，是否有带来实际影响？比如对于企业的订单、出口影响又有多大？

## 答

**徐贵相：**

好，谢谢你的提问。首先，我认为制裁或抵制，肯定不如合作共赢效果好。从实际情况来看，美西方实施的制裁就是废纸一张。所谓的制裁好像“来势汹汹”，但是从长远看，没有太大的意义。来北京之前，我们看了一些相关的数据。数据显示，今年一季度，中美贸易高速增长的势头明显，其中中国对美国出口同比增长 62.7%，自美进口增长 57.9%。这些数据是很耐人寻味的。从短期看，制裁将会对新疆一些企业带来一定影响，企业部分产品可能出口受阻，利益受损，特别是美方蛮横扣押产品、停止结算等等；但从长远看，新疆的企业将继续加大科技投入力度，提高产品质量，进一步提升市场竞争力，更好地开拓国际市场。所以，我还是要表达同样的观点：靠制裁打压，是根本阻碍不了企业或者产业的发展壮大的，因为这是由市场规律决定的。更重要的是，美西方的无理制裁，让中国民众看清了他们“假人权、真霸权”的面目，必将激发中国民众支持新疆受制裁产业和企业的热情和动力，推动这些产业和企业渡过眼前困难，走向成熟强大。

## 问

**香港卫视：**

我还想请问，上下游产业链是否受到影响，比如说出口究竟少了没有，订单到底下降了多少？你刚才说，我们要提高设备的国产化，那么对于国内市场有什么前景期待吗？会不会对“内循环”产生什么冲击？

## 答

**段万钧：**

像你刚说的这个，正是我们目前在研究的一个课题。比如出口转内销，怎样更好地促进内循环，提升整个产业链的水平等，都是我们下一步调查研究的重点方向。不同的行业，面临的问题不一样，解决的方法也会不一样。至于具体的数字，这是个很严谨的问题。不同的行业，比如棉花、番茄什么的，会有不一样的情况，需要我们去详细了解，需要专家去进行深入的调查和核算，绝不能笼统地给你一个什么数字，那是不负责任的。

**毕海波：**

最后一个问题，请安莎通讯社记者提问。

## 问

**安莎社记者：**

你好！我想接着彭博社记者同事的提问，多问一句：外国记者到中国新疆采访，什么时候才能真正自由地开展工作，不受到警察等人员的跟踪？同时，你能不能跟我们分享一下关于联合国人权高专访问新疆的一些信息？谢谢！

## 答

**徐贵相：**

好的。我先回答你后面一个问题。首先是对联合国人权高专访疆的事，你们应该注意到了，中方已经多次发出邀请，同时，我们也已经作了周到细致的安排，目前正在进行积极的沟通协调，我们也期待联合国人权高专能够早日到中国新疆来进行考察、访问。第二个是关于外媒记者到新疆进行自由采访的问题。应该说，在新疆不存在“警察去跟踪记者”的问题，你又不是恐怖分子，手里没刀没枪的，他跟踪你干什么？不会存在这个问题的。也许你会存在一些怀疑，或者说感觉心里不舒服。如果需要的话，我们新闻发言人可以陪同你们一起去开展工作。我们的目的，绝对不是什么监督，而是更好地做好服务，比如你们想了解什么，我们可以协调有关方面提供更全面的情况，帮助你们开展工作。这个，你们尽管放心。今后，如果遇到了什么情况，希望你们能够第一时间联系新疆维吾尔自治区人民政府新闻办公室或者当地宣传部。假如你说的情况属实，我们一定会认真对待、严肃处理的。谢谢你的提问。

**毕海波：**

今天发布会到此结束。今后我们还会适时举办这样的新闻发布会，欢迎记者朋友再次参加。谢谢大家！

新疆维吾尔自治区涉疆问题新闻发布会
Press Conference on Xinjiang-related Issue
Xinjiang Uygur Autonomous Region
2021年5月4日
May 4, 2021
新疆维吾尔自治区涉疆问题新闻发布会
Press Conference on Xinjiang-related Issues
Xinjiang Uygur Autonomous Region

2021 年 5 月 4 日
徐贵相

赵燕

# 新疆维吾尔自治区第 36 场涉疆问题新闻发布会实录

2021 年 5 月 4 日，新疆维吾尔自治区人民政府新闻办公室举行第 36 场涉疆问题新闻发布会，就新疆社会各界助力和田地区 7 岁维吾尔族男孩做断臂再植手术的事情进行详细介绍。

## 新疆维吾尔自治区人民政府新闻发言人徐贵相（主持人）：

各位记者朋友们，大家上午好。欢迎出席今天的涉疆问题新闻发布会。4月30日晚，和田地区和田县拉依喀乡库木艾日克村一名7岁维吾尔族男孩的手臂被拖拉机皮带轮绞断，需紧急前往乌鲁木齐市做接臂手术。在这一过程中，新疆有关部门和社会各界人士给予关心帮助，手术取得圆满成功。

这几天，这名男孩的病情牵动了很多人的心。新疆各有关方面全力救助，引发了境内外广大网民的热切关注，大家纷纷点赞。今天，我们请到了这个孩子的亲属阿卜杜麦吉提·伊敏、和田地区人民医院骨科医生艾尔肯·日介甫、中国南方航空新疆分公司客舱部乘务长赵燕、新疆医科大学第五附属医院急救中心120随车医生曹洪民、新疆医科大学附属中医医院骨科医生黎立，请他们分别讲一讲有关情况。

首先，我们请孩子的亲属阿卜杜麦吉提·伊敏谈谈这件事是怎么发生的。

## 患者家属阿卜杜麦吉提·伊敏：

我叫阿卜杜麦吉提·伊敏，是孩子的亲属。孩子今年7岁。4月30日下午，我们在地里给核桃树打药，孩子也跟着我们去地里玩儿。当时，我们在忙着干活，大概晚上8点30分的时候突然听到孩子大哭了起来。跑过去一看，他的胳膊被卷进了拖拉机，流了很多血，胳膊已经断了。看到孩子哭的样子，我们都非常心痛，赶紧开着自己的车往医院跑，又拨打了120急救电话。走到一半的时候，救护车赶了过来，我们把孩子转到了救护车上，送到了和田地区人民医院急诊室。

## 徐贵相：

下面，请和田地区人民医院骨科医生艾尔肯·日介甫谈谈患者初诊情况。

## 和田地区人民医院骨科医生艾尔肯·日介甫：

我是和田地区人民医院骨科主任艾尔肯·日介甫。4月30日21时45分，这

个孩子被送到我们医院就诊。我们检查后发现，患者右上肢离断，断端牵拉毁损严重，病情非常严重，必须在 6 至 8 个小时内完成再植手术，否则将失去断肢再植手术的最佳时机，最终造成患儿残疾。由于我们医院条件有限，我建议患者家属赶紧送孩子到乌鲁木齐治疗，并第一时间联系了新疆医科大学附属中医医院骨三科主任黎立医生，请他们做好接收转院患者的准备。随后，我们立即对患者伤口进行包扎处理，并对断肢进行清创、消毒、包扎、低温保存；同时，帮助家属联系 120 急救车，并协调公安部门保持沿路交通畅通，确保孩子尽快到达机场。

徐贵相：

下面，请孩子亲属阿卜杜麦吉提·伊敏谈谈去机场乘机的情况。

阿卜杜麦吉提·伊敏：

当时，有警车开道，我们很快就从和田地区人民医院乘坐救护车到了机场。刚到机场，就听说这是最后一班飞机，已经要准备起飞了。我们当时非常着急，就跟机场工作人员说能不能把飞机叫回来，救救我们的孩子。机场工作人员了解情况后，告诉我们不要着急，一定会尽全力，过了一会儿，就帮助我们用担架把孩子送上了飞机。

徐贵相：

当日航班乘务长赵燕全程参与了此次抢救行动。下面请她谈谈患者在飞机上的情况。

乘务长赵燕：

4 月 30 日 23 点 45 分左右，我们的航班准备起飞时，我接到机长通知，说有一位重病旅客要去乌鲁木齐急救，公司要求我们立即滑回接上旅客。飞机滑回期间，我赶紧腾出前排座位，准备了毛毯、靠枕和急救设备。打开舱门后，我立即将孩子和家属安置到预留好的座位上。当时这个孩子正在打着点滴，我们想办法先把吊瓶挂起来。

这时，医生过来跟我交接乘机注意事项，他叮嘱我一定不可以让孩子睡着，避免大出血，还要更换冰块，保持孩子断臂的温度。飞机起飞后，为了让孩子保持清醒，我和同事准备了湿毛巾帮他擦脸，播放手机视频、音乐给孩子听，制造出不同的声音去刺激他，避免孩子睡着。为了争取更多的抢救时间，我们与地面沟通，安排机场救护车第一时间来接机，并告知家属救护车已经联系到位，飞机也会停在离机场出口最近的停机位，我们会以最快的速度将孩子安全送达。在飞行过程中，有一些旅客主动帮助我们一同照看孩子。我们机组成员将身上的现金都凑到一起，交给孩子家属，希望能给他一些帮助。孩子家属看到我们这些爱心举动，眼眶也湿润了。

5 月 1 日凌晨 1 点 36 分，飞机抵达乌鲁木齐。旅客们非常配合地坐在座位上，保持过道通畅。我迅速打开舱门，配合医护人员及时将孩子送上救护车。所有旅客看见孩子能够及时抵达，都为我们竖起了大拇指。

徐贵相：

下面，请新疆医科大学第五附属医院急救中心 120 随车医生曹洪民介绍将孩子从机场送往医院情况。

新疆医科大学第五附属医院急救中心 120 随车医生曹洪民：

我们于 5 月 1 日凌晨接到派车任务，前往机场转运这名孩子到新疆医科大学附属中医医院就诊。凌晨 1 点 50 分，我们在机场接到患者，发现患者精神状态差，伤情很重。我们立即监测患者生命体征，紧急输液，检查伤口包扎情况和离断肢保存情况，并不时呼叫患者，让他保持清醒状态。与此同时，我们与新疆医科大学附属中医医院保持联系，沟通患儿病情，告知到达医院时间，及时做好交接工作。凌晨 2 点 10 分，我们将患儿顺利送到医院，全程近 30 公里，仅用时 20 分钟。

徐贵相：

接下来，我们请新疆医科大学附属中医医院骨科医生黎立谈谈救治患者情况。

新疆医科大学附属中医医院骨科医生黎立：

4 月 30 日晚上，我接到和田地区人民医院骨科主任艾尔肯的电话，他告诉我有一个孩子需要紧急来我院做断臂再植手术，并向我发来了伤情照片。从照片上看，孩子整个上肢从肩关节远端离断，伤情十分紧急。出于医生的本能，我立刻通知艾尔肯主任，患者有再植条件，必须在 8 小时之内安排病人来乌诊治。

得知孩子顺利登机后，我立即向医院党委作了汇报。院党委高度重视，要求开通绿色通道，不惜一切代价进行抢救。因为此类手术为难度最高的 4 级外科手术，医院迅速制定抢救预案，组织骨科、急诊科、检验科、放射科、麻醉科、输血科等相关科室做好接诊工作，20 余名医护人员全员在岗备战。

5 月 1 日凌晨 2 点 10 分，孩子到达我院后，精神状态很差，一直在哭泣，嗓子都嘶哑了。我们按照既定预案，安排 2 名医生将离断肢体带到手术室开始清创，标记重要血管神经，为断肢再植术争取宝贵时间。1 名医生处理医嘱，另外 1 名医生全程护送病人做术前检查，我负责协调各科室做好术前准备。其间，我们发现肘关节周围有骨折现象，术中透视予以证实，于是切开患处予以固定。

凌晨 3 点 15 分，孩子进入手术室，这时距离救治极限时间 8 小时仅剩半个小时。手术中，我们在最短时间内接通了肱动脉，建立了离断肢体的血供，孩子的胳膊开始泛红，表明肢体已经通血。接下来，我们分别修复了骨骼、神经、肌肉。整个手术历时 3 个多小时，很成功。手术结束后，我发了一个朋友圈，感叹在很多部门共同努力下，在极限的时间里，在极限的条件下，完成了一台极限手术，真真切切地感受了一把“生死时速”。这让我更加感受到了政府对人民群众尤其是对少年儿童的保护。

今天是术后第 3 天，孩子病情稳定，生命体征平稳，饮食正常，情绪平稳，肢体通血正常。目前，我院已组织多学科专家组，全力确保孩子病情恢复和肢体成活。

徐贵相:

下面，请患者家属阿卜杜麦吉提·伊敏谈谈孩子目前的情况。

阿卜杜麦吉提·伊敏:

现在孩子恢复得比较好，也能正常吃饭喝水了。医院领导和医生、护士把孩子当自己孩子一样照顾。这里我想说，非常感谢党和政府，非常感谢所有帮助我们的人。要是没有政府和大家的关心帮助，我们的孩子可能就没有胳膊了。我们全家人都为生活在中国、生活在新疆感到十分幸福。最近，我在网上看到一些美国人说我们维吾尔族受到欺负、没有人权，还说什么我们被“种族灭绝”了，真是胡说八道!

徐贵相:

这几天许多媒体也对这件事进行了充分报道。下面，我们再一起回看一下视频，感受当时紧张感人的场景。

徐贵相:

通过以上各位介绍和视频，我们深切感受到，伤病虽无情，人间有大爱。在此，我们向所有参与救助的人们致以崇高的敬意，也祝愿这名孩子早日康复。

新疆社会各界助力和田地区 7 岁维吾尔族男孩做断臂再植手术的事情，感人至深，生动体现了党和国家坚持以人为本、生命至上的价值理念，生动体现了新疆各族群众亲如一家、互帮互助的和谐关系，生动体现了新疆各界护佑生命、大爱无疆的社会风尚，也生动体现了各族群众生命权、健康权等基本人权得到充分保障的真实状况。

然而美西方反华势力却无视新疆为保障各族群众人权所作出的努力，无视 2500 多万新疆各族群众享受美好生活的事实，一而再、再而三地给新疆泼脏水、编罪名，甚至说什么“新疆侵犯维吾尔族人权”，编造出“种族灭绝”这样的弥天大谎。他们的目的根本不是讲什么人权，也不是关心新疆各族群众的人权，而是在搞政治操弄，破坏新疆安全稳定，阻碍中国发展壮大。但新疆所做的这一切，各族群众充分享有人权的事实，一次次揭露了他们的谎言，一次次打了他们的脸。他们应该感到无地自容。

反观美国，今天表面上的繁荣掩盖不了践踏人权、蔑视尊严的罪恶历史。众所周知，美国在历史上对印第安人通过大规模的驱逐、同化和屠杀，导致印第安人人口从1492年的500万骤减至20世纪初的25万，如今在美印第安人数量仅占美总人口的2%。1814年，美国总统詹姆斯·麦迪逊曾颁布法令，规定每上缴一个印第安人的头盖皮，美国政府将奖励50美元至100美元，其中杀死一名12岁以下儿童奖励50美元，杀死一名12岁以上印第安男子奖励100美元。

如今，美国作为世界上最大的发达经济体，仍拒绝批准《儿童权利公约》。美国政府不仅缺乏足够的政治意愿改善弱势群体的处境，反而不断削减相关资助项目，致使很多儿童衣食无着，面临暴力、欺凌、虐待等威胁。《国会山报》网站2019年11月18日报道，美国的儿童贫困人口比例与30年前的水平大致相当。人口普查局的统计数据显示，截至2018年，美国仍有1280万名儿童生活在贫困之中，其中有四分之三是少数种族，少数种族儿童贫困率高达约25%。美国儿童保护基金发布的报告评论称："在全球最富有的国家，居然有超过五分之一的儿童每天都不得不面对无比残酷的现实——下顿吃什么，今晚睡哪里？"移民儿童处境更加悲惨。截至2019年9月，至少有2838名移民儿童被隔离关押在得克萨斯州35个收容所内，这些收容所长期存在严重的卫生和安全问题。联合国人权事务高级专员米歇尔·巴切莱特对美国拘留中心脏乱拥挤、缺医少食的恶劣条件深感震惊，指出拘留移民儿童可能构成国际法所禁止的残忍、不人道或有辱人格的对待。《洛杉矶时报》网站2020年11月18日报道，2020年3月以来，美国政府不顾疫情传播风险，将至少8800名无人陪伴的非法移民儿童强制驱逐出境。联合国儿童基金会称，被美国强制遣返的墨西哥和中美洲的移民儿童正面临危险和歧视。

特别是2020年，美国非洲裔男子弗洛伊德之死及其引发的大规模抗议活动，再次暴露出美国内存在的长期性、系统性的严重种族歧视，已经使美国少数族裔到了"不能呼吸"的地步。这些才是地地道道、名副其实的种族灭绝。面对自身累累罪行和斑斑劣迹，美国有何颜面、有何资格对中国新疆人权状况指手画脚、说三道四？

今天的发布会到此结束。谢谢大家！

涉疆问题新闻发布会
Press Conference on Xinjiang-related Issues
2021年5月25日
May 25, 2021

徐贵相
Xu Guixiang

# 新疆维吾尔自治区第37场涉疆问题新闻发布会实录

2021年5月25日，新疆维吾尔自治区举行第37场涉疆问题新闻发布会。这也是2020年12月以来在北京举行的第9场涉疆问题新闻发布会。发布会邀请新疆维吾尔自治区人民政府新闻发言人徐贵相、伊力江·阿那依提，新疆维吾尔自治区公安厅副厅长亚力坤·亚库甫，新疆和田地区卫生健康委员会副主任阿力木江·阿布地热力木，新疆和田地区和田县原教培中心教师吾日古力·阿西木，新疆和田地区和田县教培结业学员阿卜力克木·达吾提，针对所谓的“维吾尔特别法庭”，指明事实真相，回答记者提问。

外交部新闻司参赞毕海波（主持人）：

各位记者朋友上午好！欢迎大家参加今天在新疆大厦举行的第九场涉疆问题新闻发布会。近期，一些境外敌对势力和反华势力在英国搞所谓的“维吾尔特别法庭”，针对这个问题，新疆方面今天有话要说，要指明事实的真相，回答大家的提问。下面，我们请新疆维吾尔自治区人民政府新闻发言人徐贵相向大家介绍有关情况。

徐贵相：

各位媒体记者朋友，大家上午好。欢迎出席新疆维吾尔自治区涉疆问题新闻发布会。我是新疆维吾尔自治区人民政府新闻发言人徐贵相。首先，我介绍一下新疆方面参加今天发布会的人员，他们是：新疆维吾尔自治区人民政府新闻发言人伊力江·阿那依提，新疆维吾尔自治区公安厅副厅长亚力坤·亚库甫，新疆和田地区卫生健康委员会副主任阿力木江·阿布地热力木，新疆和田地区和田县原教培中心教师吾日古力·阿西木，新疆和田地区和田县教培结业学员阿卜力克木·达吾提。

我们了解到，由美西方反华势力与“世维会”等“东突”组织合谋成立的所谓英国“维吾尔特别法庭”，将于近期进行所谓“开庭”，无耻地对根本不存在的新疆“种族灭绝”进行“听证”，妄图以此给新疆扣上“种族灭绝”的帽子。一个非法的法庭对一个世纪谎言进行“听证”，简直是荒诞至极，这完全是对国际法秩序的严重践踏，是对真正“种族灭绝”受害者的严重亵渎，更是对新疆2500万各族群众的严重挑衅，我们表示谴责和唾弃！

“维吾尔特别法庭”完全是一个预设立场、专门供敌对势力攻击抹黑新疆、干涉中国内政的伪法庭。这个所谓“法庭”的“开庭”“审判”等一切活动，都是敌对势力妄图实施“以疆制华”图谋的拙劣表演。今天，我们在这里召开涉疆问题新闻发布会，就是要揭露这个伪法庭的丑陋面目，揭穿美西方反华势力的罪恶阴谋，使国际社会看清楚这场反华闹剧的虚伪性、荒诞性、无耻性。

首先，请伊力江·阿那依提先生介绍这个所谓“维吾尔特别法庭”的有关情况。

### 伊力江·阿那依提：

由个别西方反华政客、律师与“世维会”合谋成立的所谓英国“维吾尔特别法庭”，根本不是大家所理解的“司法机构”或“司法程序”。由这样的伪法庭对所谓的“中国进行种族灭绝”进行审判，是披着法律外衣的拙劣舆论把戏，打着所谓“法庭”的幌子掩人耳目，哗众取宠，借此攻击抹黑新疆、干涉中国内政，这完全是非法的、荒唐的。

该“维吾尔特别法庭”的设立根本没有法律依据。一个合法的国际司法机构设立需要严格的法律依据。根据《防止及惩治灭绝种族罪公约》、国际法、国际习惯法和相关案例，灭绝种族罪作为最严重的国际罪行，其认定需要经过权威、严格的法律程序。自公约诞生以来，主要的灭绝种族案例大多是由依据公约或规约成立的国际法院或联合国安理会授权成立的特别法庭来进行认定的。而“维吾尔特别法庭”不过是个别别有用心的人自己创立的，毫无严肃性和权威性。

根据公约规定，灭绝种族罪案件要么由行为发生地国家的主管法院管辖，要么由缔约国接受其管辖权的国际刑事法庭审理。个别国家法院也审理过发生在本国境内的灭绝种族案件。除此以外，任何国家、组织或个人都没有资格和权力随意认定别国犯有灭绝种族罪。“维吾尔特别法庭”作为一个由西方反华政客、律师与“世维会”合谋成立的违法组织，根本无权搞什么“听证会”，更遑论妄图对一项极其严重的国际罪行进行指控认定。如此行径，不仅是对中国新疆的污蔑和挑衅，更是对国际法的严重玷污，对历史上所有灭绝种族罪受害者的公然亵渎。

该“维吾尔特别法庭”从民间组织角度看，亦属违法。根据英国法律规定，相关法庭的设立、运行受英国《2011 年慈善法》管辖。英国《2011 年慈善法》将“促进人权、解决冲突或者和解或者推动宗教或种族的和谐或者平等与多样性”作为慈善目的之一。“维吾尔特别法庭”宣称针对中国政府对维吾尔人“持续的暴行和可能的种族灭绝”进行调查，其设立看似符合该法所称的所谓“慈善”目的，貌似合法组织，但其目的的真实性不被认同，也不具备合法组织所应有的章程和托管理事会。因此，“维吾尔特别法庭”不符合英国《2011年慈善法》所规定的“慈善”组织的注册要件，且没有获得该法要求的“慈善”组织所应得到的政府资金支持，可以确定它绝不是得到英国法律承认的组织。这样一个伪法庭，从其网站的域名“https://uyghurtribunal.com/”后缀可以看出其实际为商业机构，是被操控的以牟利为目的的机构。

该“维吾尔特别法庭”设立的目的是污蔑新疆，粗暴干涉中国内政。“维吾尔特别法庭”的“庭长”杰弗里·尼斯一直强调“我们要引起注意，我们要施加压力”，其造谣生事的真实意图昭然若揭。然而，令人可笑的是，这个“法庭”的推特仅有千人关注，推文点赞仅个位数，甚至都让人不禁怀疑那区区千人粉丝数量是不是还注了水。更为滑稽的是，在“世维会”为“法庭”提供了23.5万英镑后，该“法庭”决定向社会募集5万英镑，但从2021年2月20日到5月20日，长达3个月时间仅筹集到7000多英镑，可以想见这群跳梁小丑在广大公众中的形象是何等的糟糕。这样一个不伦不类的“法庭”，一个恐怖组织控制的组织，对新疆污蔑诽谤，对中国内政指手画脚，对于这些行径，新疆各族人民决不认同、决不答应！

徐贵相：

实际上，正如刚才伊力江·阿那依提先生所说，根据相关国际法和国际刑事司法惯例，所谓“维吾尔特别法庭”没有任何国际法依据和效力，该“法庭”的任何所谓“判决”“裁定”都是废纸一张。这个所谓的“维吾尔特别法庭”是先作“有罪推定”、再去伪造证据，他们关心的只是怎么抹黑新疆，根本不关心真相，不关心新疆各族人民。他们找的所谓“证人”，翻来覆去无非就是那么几个“演员”。我们之前已经多次对这些“演员”进行了批驳揭露，今天，我们就借此机会再次看看他们的丑恶嘴脸和拙劣演技。第一个就是沙依拉古丽·沙吾提巴依。

下面，请新疆维吾尔自治区公安厅副厅长亚力坤·亚库甫先生介绍沙依拉古丽·沙吾提巴依的有关情况。

亚力坤·亚库甫：

沙依拉古丽·沙吾提巴依起初谎称自己曾在教培中心任教，之后在反华势力的包装下，摇身一变又成了所谓“教培中心受害者”，改口称自己被关押在“集中营”“遭受酷刑和医学实验”，“被迫吃猪肉”。

事实上，沙依拉古丽·沙吾提巴依，女，1976年生，新疆昭苏县人，2016年

4 月任伊犁州昭苏县察汗乌苏乡中心幼儿园园长，2018 年 3 月 19 日任伊犁州昭苏县察汗乌苏乡小学教师，2018 年 4 月 5 日非法出境。她从未进过教培中心学习，也从未在教培中心工作过。她作风败坏、遭人唾弃，还涉嫌犯罪。一是她涉嫌偷越国（边）境罪。2018 年 4 月 5 日，沙依拉古丽・沙吾提巴依非法出境，其行为已涉嫌偷越国（边）境罪。二是她涉嫌贷款诈骗罪。2015 年 6 月 23 日，沙依拉古丽・沙吾提巴依向昭苏县农村信用合作联社察汗乌苏乡信用社以购房为由贷款，欺骗察汗乌苏乡学校教师库来夏・木尔萨力为其担保贷款 8 万元，还款期限为 10 年，实际到农村信用社签订担保合同时金额改为 20 万元，贷款合同中的共同担保人赛山别克・达吾列提（库来夏・木尔萨力的丈夫）签名系伪造，共同债务人吾瓦力・斯拉木（沙依拉古丽・沙吾提巴依的丈夫）签名为伪造，贷款所需提供的单位证明系变造。2016 年 11 月 30 日，沙依拉古丽・沙吾提巴依向昭苏县农村信用合作联社察汗乌苏乡信用社以购房为由，贷款 27 万元人民币，骗取察汗乌苏乡中心小学教师巴特蒙克・白夏的信任为其担保贷款，还款期限为 10 年，贷款过程中沙依拉古丽・沙吾提巴依向信用社提供的购房合同也系伪造合同。以上两笔贷款资金共计 47 万元人民币，均分批次转至境外其丈夫吾瓦力・斯拉木账户内，目前仍有 39.8 万元人民币贷款未偿还。沙依拉古丽・沙吾提巴依于 2018 年 4 月 5 日逃往境外，客观证明她并无还款意愿，其行为涉嫌贷款诈骗罪。三是她品行恶劣、谎话连篇。沙依拉古丽・沙吾提巴依自称医科大学毕业、当过医生，事实上只是在新疆伊犁卫校护士班上过学，从未当过医生；她自称曾在教培中心教过中文，事实上从未在教培中心工作过。四是她唯利是图、遭人唾弃。沙依拉古丽・沙吾提巴依在昭苏县察汗乌苏乡中心幼儿园当园长时，利用职务便利骗取绩效奖金、侵害教师利益，被当地教育部门免职。她在偷越边境前，还让妹妹帕娜尔贷款 4.5 万元买下她的汽车，但一直没有把汽车过户，她妹妹对此十分愤慨，耻与为伍。五是她作风败坏、自甘堕落。沙依拉古丽・沙吾提巴依的情人都曼・交勒得别克说："她给我说，她和丈夫关系特别不好，她喜欢我，想离婚后跟我过日子。我没想到她骗了我的感情，还跑到国外去了，我很伤心。后来我听说，她有很多男人，都是情人关系。我恨她，她出卖了我的国家，还害了我，害了所有人。"

下面，请大家观看视频。

徐贵相：

第二个是古孜拉·阿瓦尔汗。下面，请伊力江·阿那依提先生介绍古孜拉·阿瓦尔汗的有关情况。

伊力江·阿那依提：

古孜拉·阿瓦尔汗自称是“集中营中的被拘留者”，目睹了“集中营”条件恶劣、单身妇女和寡妇被强奸。这完全是一派胡言！

古孜拉·阿瓦尔汗，女，1979 年生，新疆伊宁县人。她恶意拖欠银行贷款。据了解，2013 年，古孜拉·阿瓦尔汗与同村人以“五人联保”方式，向伊宁县农村信用社贷款 4 万元，贷款到期后至今未还利息，被银行列入“黑名单”。她品行极为恶劣。古孜拉·阿瓦尔汗曾接受《环球邮报》采访，称自己的人生目标和理想，就是把孩子们抚养成人，但事实恰恰相反，她没有生过孩子，嫁给第三任丈夫后，对丈夫的 3 个女儿非常冷漠，出境后还想让其继女帮她偿还债务。最近，她又谎称“我的儿子在 2011 年 11 月 11 日失踪了。四个月后，我们找到了他，他被卖给了一个中国女人”，这更是一派胡言！她所称的儿子实为其继子，出生于 2009 年 2 月，是他第三任丈夫吐尔逊江·衣山艾力的孩子。 2011 年 6 月 23 日，古孜拉·阿瓦尔汗与吐尔逊江·衣山艾力登记结婚，2012 年 8 月 20 日，该继子因病去世。该继子由吐尔逊江·衣山艾力与古孜拉·阿瓦尔汗共同抚养，孩子去世正是古孜拉·阿瓦尔汗当继母时发生的事情。

下面，请大家观看视频。

## 徐贵相：

第三个是图尔逊娜依·孜尧登。下面，我们继续请伊力江·阿那依提先生介绍图尔逊娜依·孜尧登的有关情况。

## 伊力江·阿那依提：

图尔逊娜依·孜尧登，2019 年 9 月 26 日出境未归。她出境后编造“集中营受害者”的身份，谎称“自己被迫接受输卵管结扎手术，是以不可逆的方式进行的”，“被关押在教培中心的女性，要么接受外科手术绝育，要么接受停止月经的药物”。

实际上，图尔逊娜依·孜尧登品行恶劣、撒谎成性、生活堕落，为骗取“政治避难”资格，编造了关于自己、关于教培中心的谎言。第一，图尔逊娜依·孜尧登编造的谎言前后矛盾。今年，她在接受 BBC 采访的节目中说，在教培中心警察将她打倒在地，踢她的肚子，她几乎要昏厥了。但一年之前，图尔逊娜依·孜尧登在接受美国 Buzzfeed 网站采访时，却说“我没有受到毒打和虐待”。她声称自己于 2019 年 1 月至 6 月被软禁，但其护照系 2019 年 3 月 13 日签发，按规定办理护照须由本人亲自到政府机构申请，如遭软禁，如何外出申领护照？第二，图尔逊娜依·孜尧登从来没有做过节育手术的医学记录。第三，图尔逊娜依·孜尧登撒谎成性，借尿检隐瞒其不能生育事实。她在与前夫吐尔逊江·阿合买提江结婚前，被发现生活作风不检点，她丈夫遂提出分手，图尔逊娜依·孜尧登就以喝农药自杀相要挟，因抢救及时自杀未遂。迫于无奈，两人于 2002 年 5 月登记结婚。婚后，因图尔逊娜依·孜尧登一直未怀孕，导致家庭关系不和，于是她就借邻居家孕妇塔吉古力·阿布拉江尿液验孕，谎称怀孕，吐尔逊江·阿合买提江家人知道后就准备带她前往县医院检查。途中，图尔逊娜依·孜尧登害怕事情败露，借机逃走。最后两人于 2005 年 5 月离婚。第四，图尔逊娜依·孜尧登长期与他人保持不正当男女关系。2008 年 6 月 4 日，她和现任丈夫哈力木扎·哈力克登记结婚。2017 年 5 月 23 日，其丈夫出境后，她与依马木泰·坦江长期保持不正当男女关系，有多次同住记录。

下面，请大家观看视频。

徐贵相:

第四个是多力坤·艾沙。下面，请新疆维吾尔自治区公安厅副厅长亚力坤·亚库甫先生介绍多力坤·艾沙的有关情况。

亚力坤·亚库甫:

"世维会"头目多力坤·艾沙，长期在国际社会编造涉疆谣言，屡次被"打脸"。近年来，他又"摇身一变"成所谓"集中营受害者"，拿自己的家人编造谎言，谎称其"家人被关押""母亲死于再教育营"，真是厚颜无耻。

事实上，1994 年 5 月，多力坤·艾沙出境加入"东突"组织后再未回国，他的亲属都在正常生活。他的母亲阿依汗·麦麦提，2018 年 5 月 17 日因患子宫内膜癌、慢性白血病，在阿克苏市人民医院经抢救无效死亡，死亡时亲属在旁照顾，医生也一直在坚持为其治疗。请问多力坤·艾沙，你这个民族败类成天胡说八道，你的母亲能够安息吗?

多力坤·艾沙不是所谓"再教育营受害者"，而是一个被中国政府认定的恐怖分子！1993 年，多力坤·艾沙伙同艾沙·玉山等人成立恐怖组织"东突正义党"。公安机关查明，该恐怖组织有成员 155 名，实施了大量恐怖活动，例如：1993 年 6 月 7 日，在阿克苏地区乌什县五一水库实施了杀害无辜群众的恐怖活动；1994 年 7 月 18 日，在阿克苏市及新和县连续制造了 5 起爆炸案并持刀杀人，新和县办公楼、新和县依其力乡托克夏克村大桥、新和县塔什力克乡玉米地、阿克苏地区检察分院、阿克苏地区计量处办公楼先后受到恐怖袭击；1994 年 8 月 3 日，在新和县体育场实施了爆炸等。

下面，请观看视频。

徐贵相：

第五个是吐尔逊别克·哈比。下面，由我介绍吐尔逊别克·哈比的有关情况。

吐尔逊别克·哈比，男，47 岁，塔城地区额敏县人。他因涉嫌出境逾期未归，曾依法接受过询问，但当日即排除嫌疑。公安机关从未对他采取任何强制措施，他也从未在教培中心学习过。吐尔逊别克·哈比谎称“被拘留”，还受到“酷刑、被强迫服用药物”，纯属一派胡言。

吐尔逊别克·哈比的亲戚和朋友都反映，他做人没有信用，谎话连篇、见利忘义，甚至为了钱可以不顾亲朋好友之间的感情。他的外甥热哈提别克·塔勒哈提反映：吐尔逊别克·哈比出境前经常在他家中居住，居住期间还常和朋友一起出去吃喝玩乐，从没有被关押过。他的侄子加萨尔阿提·热合灭托拉反映：吐尔逊别克·哈比爱说假话，他所在的整个牧场的人都知道。从来没有听说过他被关押的事情。他朋友的妻子贾恩乐古丽·热苏里反映：2018 年，吐尔逊别克·哈比哄骗自己的丈夫哈德力别克·拉扎提汗为他做担保，借了 1 万元人民币。现在吐尔逊别克·哈比跑了，他借的钱只能由自己和丈夫来偿还。吐尔逊别克·哈比和三哥、四哥共有草场 2063 亩，但他却将草场补贴款全部独吞，他的两个哥哥在牧场放牧还要向他支付草场使用费用。经村队干部多次调解后，他才允许哥哥在草场放牧。吐尔逊别克·哈比这样一个六亲不认的人，从他嘴里说出的话有什么信誉可言！

下面，请大家观看视频。

## 徐贵相：

第六个是吾买尔·白克力。下面，我们继续请亚力坤·亚库甫副厅长介绍他的有关情况。

## 亚力坤·亚库甫：

吾买尔·白克力并非中国籍。他称，自己曾在新疆被警方拘留并进入“再教育营”，遭受严重酷刑虐待，当局强迫其改变清真习俗，进行爱国主义思想灌输，其家人也被关入“再教育营”。

事实上，吾买尔·白克力及其亲属被中国政府“迫害”完全是胡编乱造、造谣污蔑。一是2017年3月26日至2017年11月24日，吾买尔·白克力因涉嫌组织、领导、参加恐怖组织罪，曾被公安机关依法调查。公安机关查明，吾买尔·白克力多次怂恿、教唆、资助他人参加恐怖组织。2006年6月，他还将2.2万美元用于资助境外“圣战”人员。二是吾买尔·白克力被公安机关依法调查其间，公安机关依法保障他的各项权利，并于2017年7月1日安排有关国家驻华使馆领事官员进行领事探视。2017年11月24日，他被解除强制措施，限期出境。2017年12月4日，吾买尔·白克力出境。三是吾买尔·白克力的母亲和兄弟姐妹均为中国公民，目前在正常生活。他的父亲因病（肝癌晚期）

于 2018 年 9 月 18 日在医院经抢救无效死亡。

徐贵相：

第 7 个是卡丽比努尔 · 斯迪克。下面，请新疆维吾尔自治区人民政府新闻发言人伊力江 · 阿那依提先生介绍卡丽比努尔 · 斯迪克的有关情况。

伊力江 · 阿那依提：

卡丽比努尔 · 斯迪克是乌鲁木齐市人，1990 年 9 月起在乌鲁木齐市第 24 小学任教师，2018 年 2 月 10 日退休。2019 年 10 月，她以看望女儿为由出境后，滞留境外不归。为骗取“政治避难”资格，卡丽比努尔 · 斯迪克编造自身所谓“集中营里的老师”身份，投靠境外反华势力，肆意发表攻击抹黑新疆的言论。实际上，她从来没有在教培中心工作过，她所说的一切关于教培中心的见闻都是彻头彻尾的谎言。卡丽比努尔 · 斯迪克人品低劣、生活堕落。据了解，她的丈夫早已不堪忍受与她的婚姻生活，准备与她离婚，只是因为卡丽比努尔 · 斯迪克在境外，暂时无法办理离婚手续。

下面，请观看视频。

徐贵相：

第八个是古丽巴哈尔·贾里里。下面，请新疆维吾尔自治区公安厅副厅长亚力坤·亚库甫先生介绍古丽巴哈尔 · 贾里里的有关情况。

亚力坤 · 亚库甫：

古丽巴哈尔 · 贾里里所谓“被捕的经历和见闻”完全是无中生有、造谣诬蔑。事实上，古丽巴哈尔 · 贾里里曾因涉嫌帮助恐怖活动罪，被公安机关依法刑事拘留。公安机关根据案件情况和古丽巴哈尔 · 贾里里本人申请，依法变更其强制措施为取保候审，随后她离开乌鲁木齐市出境。古丽巴哈尔 · 贾里里在依法接受公安机关调查期间，各项权利均得到了充分保障，与她同监舍人员都能证实其所谓“被捕的经历和见闻”完全是谎言。经调查，古丽巴哈尔·贾里里为资助境外恐怖分子，指使她的中国新疆籍翻译哈诗玛·哈巴依通过微信向“东伊运”组织成员努尔麦麦提·阿布拉转账汇款 17140 元，她的行为涉嫌帮助恐怖活动罪。

下面，请观看视频。

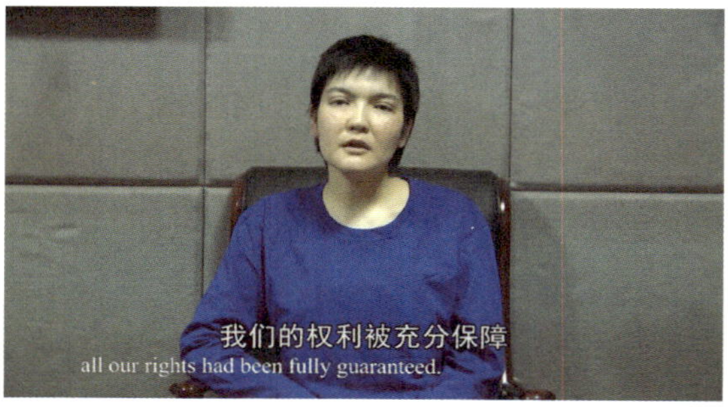


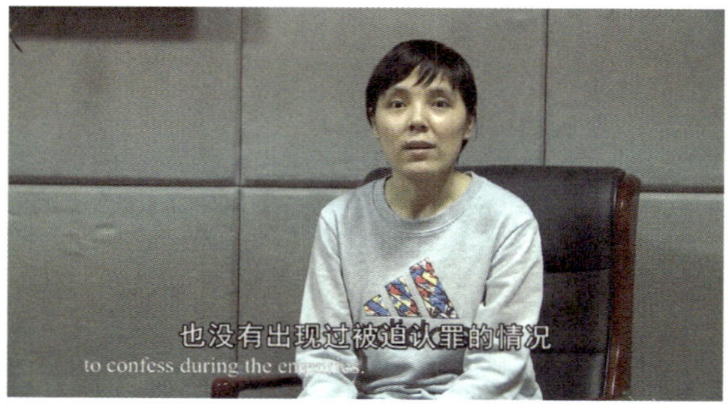


### 徐贵相：

第九个是麦合木提·太外库力。下面，继续请亚力坤·亚库甫副厅长介绍麦合木提·太外库力的有关情况。

### 亚力坤·亚库甫：

麦合木提·太外库力，男，喀什地区叶城县人。他称自己“在监狱里遭受酷刑和折磨”，这完全是一派胡言！他根本没有被判刑进过监狱，也从没在教培中心学习。

事实上，麦合木提·太外库力是一个抛弃妻儿、不赡养老人、道德败坏、满嘴谎言的“东突”恐怖分子。据公安机关调查，自 2011 年 2 月起，麦合木提·太外库力通过组织非法宗教活动传播宗教极端思想，并组织人员为实施恐怖活动进行体能训练。2013 年 12 月，他偷偷变卖家产，无情地抛弃了父母、妻子和 4 个未成年的孩子，携款非法出境并加入“东突”恐怖组织。最小的儿子当时只有 7 岁！麦合木提·太外库力非法出境后，其妻子生活无着，无奈之下只得带着孩子回娘家生活，靠领取低保度日。这样一个目无父母、抛妻弃子的恐怖分子，现在又厚颜无耻地出现在世人面前作伪证，真是枉为人夫、枉为人父！

下面，请观看视频。

徐贵相：

第十个是肖合来提·吾守尔。下面，请伊力江·阿那依提先生介绍有关情况。

伊力江·阿那依提：

肖合来提·吾守尔是“自由亚洲电台”记者。“自由亚洲电台”“属性”虽为私营，号称“非营利性的公司”，却拿着美国国会年度拨款，反华立场十分顽固。1998 年 10 月，在境外“东突”分子推动下，美国国会授意“自由亚洲电台”开播维吾尔语广播。二十多年来，“自由亚洲电台”维吾尔语部大肆宣扬“仇汉”“疆独”思想和恐怖主义、宗教极端主义。据了解，肖合来提·吾守尔作为“自由亚洲电台”记者，经常冒充政府官员，对新疆一些群众进行骗访、诱访，甚至鼓动他们在新疆实施暴恐活动。

1995 年 10 月，肖合来提·吾守尔抛弃了当时年仅 3 岁的女儿出境，从此对女儿不管不顾，完全不负责任！同时，我们了解到，肖合来提·吾守尔唯利是图、招摇撞骗。1994 年 9 月，肖合来提伙同阿不都许库尔·努尔拉（1997 年“7·14”暴力恐怖爆炸案主犯，已被依法判处死刑）诈骗海南一公司 3 万美元，涉嫌诈骗犯罪，是一个彻头彻尾的骗子！

徐贵相：

第十一个是古力巴哈尔·买哈木提江。下面，请亚力坤·亚库甫副厅长介绍有关情况。

亚力坤·亚库甫：

古力巴哈尔·买哈木提江，新疆克拉玛依市人，系新疆油田公司工程技术公司退休人员。其丈夫阿不都克里木·海提瓦吉系“世维会”法国分支机构副主席，以所谓“政治避难”身份定居国外。境外有一本名为《中国“古拉格”的幸存者》的图书，写的是所谓“古力巴哈尔·买哈木提江在返回新疆时遭到拘禁，并在教培中心受到迫害”的故事。

事实上，古力巴哈尔·买哈木提江是一个分裂主义、恐怖主义分子。她自称在新疆的“遭遇”纯属撒谎。与古力巴哈尔·买哈木提江稍微熟悉的人都知道，她品质低劣、好逸恶劳、私生活混乱。她在国内生活期间，就与他人通奸，被邻居告发。像这样一个说谎成性的败类，她说的话能信吗？下面，我们来逐一戳穿她的谎言。

谎言一：“被诱骗回国内抓捕”。2006 年 5 月 26 日，古力巴哈尔·买哈木提江出境，与丈夫共同生活。2016 年 11 月，她以“离岗歇业期限届满，需回国与单位协商签订有关协议”为由主动入境。公安机关经过严密侦查，依法对她实施抓捕。据公安机关掌握，古力巴哈尔·买哈木提江涉嫌分裂主义、恐怖主义犯罪，主要犯罪行为是：（1）1985 年她和丈夫一起，响应恐怖分子多力坤·艾沙的号令，参加了在乌鲁木齐的有关游行。（2）2009 年 7 月，古力巴哈尔·买哈木提江与丈夫一起，与“东突”组织头目加紧勾连，策划了“东突”分子在法国呼应乌鲁木齐“7·5”事件的游行示威。（3）2009 年至 2016 年 5 月，她多次入境妄图在境内煽动制造暴恐。2009 年，古力巴哈尔·买哈木提江以探亲为由回国，参与煽动了乌鲁木齐“7·5”事件，还妄图在克拉玛依市煽动制造类似事件。其后的 2012 年 7 月至 8 月、2014 年 2 月至 3 月、2016 年 4 月至 5 月，她与丈夫、女儿多次入境，妄图在境内煽动制造暴恐活动。因为以上犯罪行为，2017 年 1 月 29 日，公安机关依法对古力巴哈尔·买哈木提江立案侦查。

谎言二：“被判接受再教育 7 年”。古力巴哈尔·买哈木提江在接受公安机关侦查过程中，先是拒不如实交代，妄图隐瞒包庇自己和家人的罪行，作假证明。

因作假证明的伎俩被识破，她又制造了假象，转移办案机关视线，骗取办案人员信任。古力巴哈尔·买哈木提江声称，她认识到了丈夫分裂行为的危害，为没有及时揭发而后悔，并撰写了悔过书。因此，办案机关对古力巴哈尔·买哈木提江依法作出决定不起诉的宽大处理。

谎言三："受到拘禁、虐待"。公安机关对古力巴哈尔·买哈木提江依法作出决定不起诉的宽大处理后，她一直在乌鲁木齐、克拉玛依、伊犁、阿勒泰等地探亲访友、旅行游玩，哪里来的"拘禁""虐待"？古力巴哈尔·买哈木提江不仅没有被"拘禁""虐待"，国内有关部门出于人道主义关怀，考虑到她虽然涉嫌犯罪，但她的长女怀孕临近分娩需要照顾，同意其出境。2019 年 8 月 21 日，古力巴哈尔·买哈木提江出境。

谎言四："我不是分裂分子，我没有参加过任何政治活动"。古力巴哈尔·买哈木提江系暴恐分裂组织"世维会"成员，长期从事恐怖主义、分裂主义活动。除了上述事实外，她的主要暴恐分裂活动事实还有：（1）2021 年 2 月，参加"世维会"线上会议。古力巴哈尔出境后不但不感恩政府对她的宽大处理，反而重现恐怖分子、分裂分子本性。2021 年 2 月 15 日，"世维会"召开线上会议，为她颁发所谓"勇气奖"。她在会上称："想到维吾尔族遭遇的迫害，我觉得不能再忍受了，要通过写书的方式向全世界公布他们（新疆）的罪行。我想我的书和其他作证的英雄能够对维吾尔族有一些帮助，希望中国政府能够减少对维吾尔族的压迫，能够关闭集中营。"（2）煽动组织当地"东突"分子反华游行。2021 年 3 月 2 日，她在法国巴黎录制视频，煽动法国女性于 3 月 8 日在巴黎参加反华游行。古力巴哈尔·买哈木提江说："在法国的所有妇女同胞们，我是集中营的幸存者古力巴哈尔。大家都知道，中国政府在祖国对维吾尔族实施了迫害和屠杀，维吾尔族妇女遭受的迫害是没有人道的、是全世界妇女都没有经历过的。"2021 年 3 月 8 日，她手持所谓"东突"旗帜，组织了在巴黎的反华游行，并接受"东突"分子采访，称"我人生中参加过两次游行，第一次是在 1985 年参加了乌鲁木齐市的学生游行，今天因为在祖国的种族屠杀到了这里，为在祖国集中营里受到压迫的妇女而游行。"

我们想问一问古力巴哈尔·买哈木提江，你不是分裂分子、恐怖分子，谁是？你从 1985 年开始，就参加分裂游行。2009 年，就是你教唆你的女儿身披"东突"旗帜参加游行，以呼应乌鲁木齐"7·5"事件。2009 年至 2016 年，你多次入境妄图在境内煽动制造暴恐。被宽大处理后，政府出于人道主义关怀，同意你出境。

你在出境前，假装悔过；你在出境后，马上重新暴露了你的丑恶嘴脸！今年 2 月 15 日参加“世维会”线上会议的，是谁？煽动并组织 3 月 8 日在法“东突”分子反华游行的，又是谁？有视频作为证据，你从事分裂活动的事实还能抵赖吗？

下面，请观看视频。

## 徐贵相:

第十二个是早木热 · 达吾提。下面，由我来介绍早木热 · 达吾提的有关情况。

早木热 · 达吾提称，她因与巴基斯坦籍男子结婚等原因，被新疆公安部门审查，关押在教培中心，并称自己遭受“残忍迫害”，“和其他被关押女性被逼迫服用避孕药”，“强制接受绝育手术”，“被摘除了子宫”，“在结对亲戚家遭遇猪肉宴”。她还称：从疆内邻居处得知，她的父亲因受到警方多次审讯而死亡；“我发现中国当局制定了强制‘配对’制度，授权汉族人与维吾尔族家庭生活在一起，汉族人张力和我们睡觉”。

事实上，早木热 · 达吾提所称均是谎言。第一，她从来没有在教培中心学习过。她的五哥阿不都黑力 · 达吾提在接受媒体采访时称，妹妹早木热 · 达吾提从来没有进过教培中心。第二，她根本没有被“强制绝育”。2013 年 3 月，早木热 · 达吾提在乌鲁木齐市妇幼保健院妇产医院生第三个孩子时，自己在《分娩志愿同意书》上签字，表示同意剖宫产、要结扎，随后在医院做了剖宫产、结扎手术，根本没有被绝育，更没有被摘除子宫。第三，她的父亲从未被拘押。她的五哥证实，他们的父亲一直同子女正常生活，从未被“调查”或“拘押”，后因冠状动脉性心脏病死亡，根本不存在早木热 · 达吾提所谓“父亲被警方多次审讯而死亡”。第四，早木热 · 达吾提所说的“在结对亲戚家遭遇猪肉宴”纯属无中生有。早木热 · 达吾提所称的“结对亲戚”，实际上是她五哥阿布都黑力·达吾提的结对亲戚赵麒麟。2018年1月，赵麒麟邀请阿布都黑力·达吾提和他的妻子霍尔克孜·艾合买提、妹妹早木热·达吾提前往家中做客。赵麒麟母亲亲自下厨为客人准备饭菜。赵麒麟母亲为回族，饮食清真，根本不可能提供“猪肉宴”。就餐期间，他们还一起拍照留影。第五，早木热·达吾提的“民族团结一家亲”亲戚是张力，从未发生张力和早木热“睡觉”这样的事。张力，男，汉族，1960年出生，中共党员，原系乌鲁木齐市一名普通干部，2020年7月退休。2017年，张力与早木热·达吾提家结对认亲。因早木热·达吾提是女性，因此张力从未入住她家，更没有发生“睡觉”这样的事情。每到逢年过节，张力都会带着水果、牛奶等物品去看望早木热·达吾提。早木热·达吾提孩子过生日时，张力也带着蛋糕去庆祝。

下面，请大家观看视频。

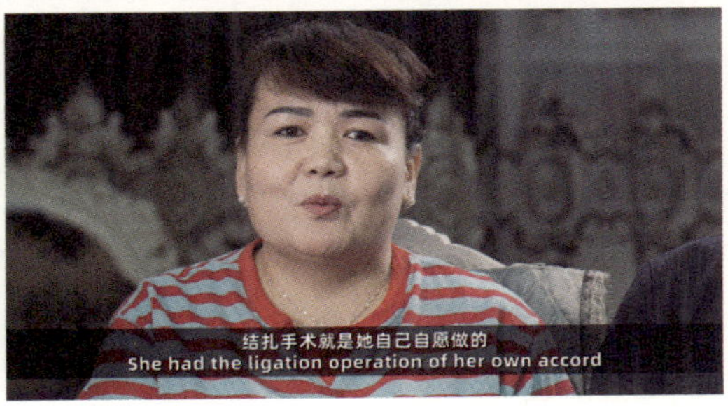


徐贵相：

第十三个是米日古丽·图尔荪。下面，请新疆维吾尔自治区人民政府新闻发言人伊力江·阿那依提先生介绍米日古丽·图尔荪的有关情况。

伊力江·阿那依提：

米日古丽·图尔荪所称“被拘留时受虐待，包括酷刑、性暴力和强制绝育，孩子在被强行转移时死亡”均是谎言。

事实上，第一，除了 20 天刑事拘留外，米日古丽·图尔荪在中国期间是完全自由的。2017 年 4 月 21 日，她因涉嫌煽动民族仇恨和民族歧视被新疆且末县公安局刑事拘留。其间发现她患有梅毒等传染病，出于人道主义考虑，县公安局于 2017 年 5 月 10 日撤销对她的强制措施。2010 年至 2017 年间，她曾先后 11 次往返于中国和其他国家。第二，米日古丽·图尔荪从来没有在教培中心学习过，更没有被迫服用药物的情况。她声称自己在“集中营”被注射毒品和药品导致其绝育。据核查，米日古丽·图尔荪没有做节育手术的记录，她的父母也说她有生育能力。米日古丽·图尔荪还谎称她的弟弟艾克拜尔·吐尔逊在教培中心被虐待死亡，听到这一谎言后，她口中的“死人”艾克拜尔·吐尔逊立即公开表示，“米日古丽一贯满口胡言，不但撒谎说我死了，还造谣说看到别人死了。”第三，米日古丽·图尔荪的儿子在乌鲁木齐市治病期间没有死亡。米日古丽·图尔荪的一个儿子曾因患肺炎、脑积水、右侧腹股沟斜疝等疾病，分别于 2016 年 1 月 14 至 19 日、5 月 6 至 12 日、11 月 4 至 8 日，由米日古丽·图尔荪本人及其家人送至新疆乌鲁木齐市儿童医院住院治疗。2018 年 4 月，米日古丽·图尔荪和丈夫携这个孩子离开中国。第四，我们最近还发现，米日古丽·图尔逊的“被关押故事”多次被报道，每次故事中的“被关押时间”都不一样。（1）2018 年 11 月 13 日，“自由亚洲电台”发布的“【苹果日报】中共口口声声‘再教育’维吾尔人，实际是酷刑迫害”的内容中显示，2018 年 1 月，米日古丽·图尔荪被关 20 天。（2）2018 年 11 月 17 日，“自由亚洲电台”发布的题为“这不是我想的中国：一个维吾尔族女子（米日古丽·图尔荪）的逃亡”视频中，拘留时间却成了 4 个月。（3）2019 年 3 月 27 日，美国国务院（U.S. Department of State）国际信息局发布的《中国维吾尔拘留营受难记》中，却说米日古丽·图尔荪 2018 年 1 月受关押，2018 年 4 月获得假释。这种“穿帮”，荒谬无比，足以证实她说的是谎言！

下面，请观看视频。

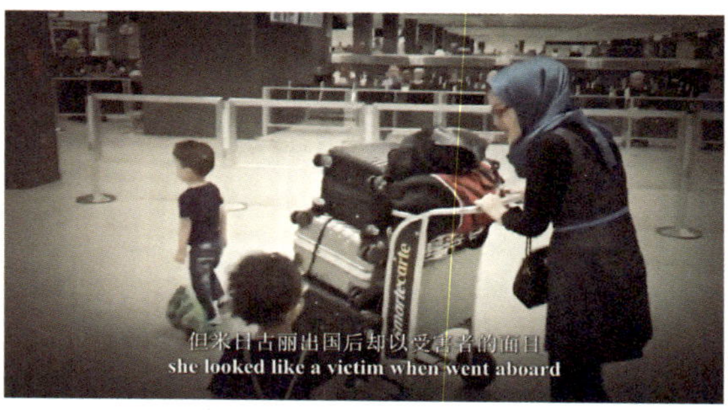

徐贵相：

还有一个是夏木西努尔·吾普尔。下面，请和田地区卫生健康委员会副主任阿力木江·阿布地热力木先生介绍夏木西努尔·吾普尔的有关情况。

阿力木江·阿布地热力木：

夏木西努尔·吾普尔，和田市人。1991 年至 2004 年，在和田市拉斯奎卫生院当医生；2004 年至 2010 年，在和田市伊里其卫生院当医生；2010 年 9 月出境前往土耳其后再未回国。她所说的“新疆维吾尔族妇女被强迫节育、强制绝育”完全是胡编乱造、荒诞不经。

夏木西努尔·吾普尔说“每个医生每年要摘除大约 2000 个子宫，这是政府的政策”。实际上，我国对做摘除子宫手术有明确的规定，摘除子宫必须在本人自愿的情况下进行，且必须要有 5 种常见的手术指征：①子宫肌瘤大于 5 cm；②子宫内膜癌；③产后大出血大于 2500 ml；④宫颈癌前病变；⑤卵巢癌。任何有点医学常识的人都明白，做一台摘除子宫手术至少需 2.5 个小时，按她所说的每名医生每年要“摘除 2000 个子宫”，就需要至少做 5000 个小时的手术，按照 1 名医生每天工作 8 小时计算，需要 625 天才能完成这些手术。可见，夏木西努尔·吾普尔根本是信口雌黄、满嘴胡言。

她还说“和田地区 70% 的维吾尔族女性摘除了子宫”。那就以夏木西努尔·吾普尔出境的 2010 年为例，当年和田地区有女性 986086 人，其中 14 岁及以上女性有 727474 人。按照她说的“70% 的女性摘除了子宫”，就得有 509231 名女性接受摘除子宫手术，以一台摘除子宫手术需 2.5 个小时计算，为 509231 人摘除子宫手术需要 1273077 个小时（即 53044 天、145.3 年）！如果这些手术用一年时间完成，全和田地区所有医院 24 小时运转，每天需要完成 1395 台手术，这是绝对不可能的。夏木西努尔·吾普尔的谎言真是荒唐可笑！

徐贵相：

过去一段时间，很多人称自己曾经被关押在教培中心，宣称教培中心学员被“摘肝”“摘肾”，被“强制绝育”，做“绝育手术”，他们的目的就是要污蔑新疆的职业技能教育培训工作。那么真正的教培中心是什么样的，我给大家做过多次介绍。今天我们又请来了和田地区和田县原教培中心的老师和学生。这位老师叫吾日古力·阿西木，她的学生是教培中心结业学员阿卜力克木·达吾提。请这对师生介绍教培中心到底是什么样子的。

下面，首先请吾日古力·阿西木老师介绍有关情况。

吾日古力·阿西木：

我叫吾日古力·阿西木，是和田地区和田县原教培中心的教师。

作为一名教培中心的教师，我深知教培学员曾经深受宗教极端思想毒害，做过很多错误的事情。为了教育挽救他们，帮助他们重获新生，我像对待自己的孩子一样，去教育和引导他们。记得有一次我在讲到“宗教极端分子泛化清真概念”时，看到有名学员流泪了。下课后，我把他叫到办公室，我们从兴趣爱好、未来打算、家庭状况等话题聊起，慢慢地，打开了他的心结。原来他曾经因为母亲一天不做五次礼拜，就认为她做的饭不清真，一年多没有吃母亲做的饭，也没有去看望母亲。他很后悔、很自责。于是，我给他讲了很多关于亲情的故事，引导他要用自己的实际行动来获得母亲的原谅。后来，他回家时向母亲承认了错误，还给母亲做了一碗汤饭。母亲激动地哭了，也原谅了他。在教培中心，我细心捕捉学员的情绪变化，与他们坦诚交流，用心沟通，学员和我也成了无话不谈的朋友。他们有的说我是一位“知心大姐”，有的说我像“妈妈”。

在学习上，我深入挖掘每名学员身上的特长，给他们创造展现才能的机会，想方设法鼓励他们。比如，有的学员国语水平高，我就让他当“老师”，带领其他学员学习国家通用语言文字；有的学员会唱歌跳舞，在文艺活动中我就多给她表演的机会。正是通过这样一次次的鼓励和肯定，他们变得开朗自信了。在生活上，我从一件件小事做起，用真心、爱心去感染每名学员。比如，学员过生日时，我们会举办生日聚会，我还会给他们写一段祝福的话。直到现在，有的结业学员还保留着我写的卡片。

在教培中心，我和学员们结下了深厚的感情。结业后，大家一直都保持着联系，有些学员还经常打电话叫我“妈妈”，嘱咐我要注意保养身体。就在上周日，几个教培结业学员还请我吃了一顿饭，其间聊了很多在教培中心的事儿，大家都很怀念那段时光。

境外有人说“在教培中心，男性学员被虐待，女性学员遭性侵”，我听到后彻夜未眠，既心痛又气愤，因为这些谣言是对我们教培中心教师和学员的极大侮辱和伤害。教培中心是学校，工作人员是教师，在教培中心，学员的各项权利都得到了充分的尊重和保护，大家像一家人一样互帮互助、团结和睦，怎么可能存在虐待、性侵这样的事情？境外那些别有用心的造谣者，他们没有参观过教培中心，不了解教培中心的真实情况，整天就知道胡说八道，他们这种造谣污蔑的行为非常可耻、可恨。

徐贵相：

谢谢吾日古力·阿西木老师。过去在工作当中，我也陪着一些外媒记者到过吾日古力·阿西木老师曾工作的教培中心，看到了教培中心的真实情况，也看到了吾日古力·阿西木老师工作和学员学习生活的情况，有关媒体也作了报道，我也对吾日古力·阿西木老师的工作表示敬意。下面，请教培中心结业学员阿卜力克木·达吾提讲述他的亲身经历。

阿卜力克木·达吾提：

我叫阿卜力克木·达吾提，是和田地区和田县教培中心的结业学员，也是吾日古力·阿西木老师的学生，现在一家电器公司售后服务部上班。我给大家讲讲我在教培中心的学习和生活情况。

在教培中心，我们周一至周五每天上六节课，主要学习国家通用语言、法律知识、职业技能和去极端化等内容。我们可以和家人朋友联系，周六周日和国家法定节假日正常休息，回家时，可以依法参加宗教活动。我们学校的课余生活十分丰富，学校里有图书室、娱乐活动室和兴趣班，有老师教我们舞蹈和唱歌，我们还经常举办篮球比赛、排球比赛、文艺汇演等文体活动。学校设有医务室，医生24小时都在，头疼感冒、身体不舒服，他们随时给我们诊治。学校非常尊重我们的风俗习惯，食堂每天免费为我们提供种类繁多、营养丰富的清真饭菜。学校的老师就像亲人一样关心爱护我们，记得我生病时吾日古力·阿西木老师忙前忙后照顾我，过生日时还为我准备了好吃的蛋糕，送上美好的祝福。吾日古力·阿西木老师就像我妈妈，对我很关怀，让我一生难忘，现在我还叫她“妈妈”。

结业后，我利用在教培中心学到的技能应聘到一家电器公司，每月工资有5000

多元，最高还拿过 2 万多元。后来，我还介绍 10 多名村民到我们公司工作，成了村里的致富带头人。今后我要更加努力工作，帮助村民们过上更好的日子！

徐贵相：

今天我们给大家介绍的内容就是这些。下面，我来作一个简短的总结，也是重申对有关问题的看法。美西方反华势力和境外“东突”势力相勾结，搞这个荒诞的所谓英国“维吾尔特别法庭”，是非常荒唐的，用心也是非常阴暗的，无非就是要把新疆的职业技能教育培训中心说成是“集中营”，将新疆的教培工作和“种族灭绝”相挂钩，最后给新疆扣上所谓“罪中之罪”的帽子，这是非常恶毒的。相关的这些“演员”完全是无中生有、谎话连篇，他们的演技是非常拙劣的，也是非常可笑的。在此，我想强调几个问题。

第一，新疆根本不存在所谓的“集中营”。2019 年 8 月，中华人民共和国国务院新闻办公室发布了《新疆的职业技能教育培训工作》白皮书，对新疆开展教培工作的现实背景、法律依据、教培内容、管理措施、人权保障及显著成效都作了系统阐述。我建议那些关心新疆问题的朋友和相关人士去认真地看看这本白皮书。这本白皮书全面系统地介绍了教培工作。同时，有关方面还制作了《谎言与真相——新疆教培纪实》电视专题片。我们还邀请了上百名教培中心的老师和结业学员在涉疆问题新闻发布会上讲述了他们的亲身经历，这些人才是真正的亲身经历者。所以，不要被那些所谓的“证人”“证言”蒙蔽了双眼。

第二，所谓“新疆教培中心的结业学员遭受强奸、酷刑和性虐待”，这样的说法完全是捏造的，根本就站不住脚。教培中心是严格按照中国的宪法和法律规定举办的学校，参加培训的学员的各项权利是不受侵犯的。2018 年底至今，有 90 多批团组，涉及 100 多个国家和地区的 1400 多人来疆参访，也包括我们在座的一些媒体。大家每次来新疆，必去的一个地方就是教培中心，他们都看到了教培中心的真实情况，对新疆教培中心工作及取得的成效给予了充分肯定。反恐、去极端化是一个世界性难题。中国新疆在这方面作出了积极的探索，可以说，已经走出了一条中国式的反恐、去极端化的路子。我认为，西方一些人罔顾事实，还不如认真想一想，新疆的教培工作，新疆的反恐、去极端化工作到底有没有他们所说的那种情况，这条道路的成功之处在哪，它对世界各国的借鉴意义在哪。我认为，这才是有益的探讨，才是真正对身边面临同样困扰的地区提供的借鉴。大家应当把成功的经验、有益的做法介绍给全世界。

第三，所谓“新疆教培中心存在强制绝育”，简直就是荒唐可笑。新疆的生育技术服务一直坚持国家指导和个人自愿相结合的原则，包括维吾尔族在内的各族群众都享有避孕方法的知情选择权。国家明确禁止实施大月份引产、强制节育、强迫孕检等违法行为，包括一些教培结业学员在内的各族群众是否采取避孕措施、采取何种方式避孕，这都是个人的事情，根本不存在强制的问题。再说了，教培中心是集体宿舍，怎么可能会发生那些事情？所以这些说法都是荒唐的。

第四，所谓“教培中心中的学员遭受强迫劳动”，这样的说法也是居心叵测的。在教培中心，学员们实际是在学习技术，进行实训操作，而不是在生产产品，其成品根本就不是商品。而一些人竟然将学员们的学习技术跟其他企业、工厂的劳动行为相挂钩，无非是想说教培中心存在“强迫劳动”，这完全是在捏造概念。

第五，就是诬称新疆存在“种族灭绝”。我们曾多次严正声明，所谓“种族灭绝”是一个世纪谎言，也是人类历史上最大的诬陷案。我们多次介绍过，这些年来，新疆的总人口、少数民族人口、维吾尔族人口均是持续增长的，其中维吾尔族人口的增幅不仅高于全疆人口的增幅，也高于其他各少数民族人口的增幅，更明显高于汉族人口的增幅，具体数据之前多次向大家介绍过，全国第七次人口普查数据也在陆续公布之中，请大家关注。新疆人口情况有些年份有一点波动是正常的，没必要作一些无中生有的猜测。试问一下，世界上有这样的“种族灭绝”吗？

实际上，美国、英国一些西方国家，才是真正实施“种族灭绝”行为的国家。历史是不容篡改的。美国对印第安人进行系统性种族清洗和大屠杀，导致印第安人人口从 1492 年的 500 万骤减至 20 世纪初的 25 万。英国 1804 年开始在澳大利亚建立殖民地后，就疯狂屠戮当地土著居民，等到 1901 年澳大利亚联邦成立的时候，原本 30 万的澳洲土著居民只剩下 6 万人左右。我们再看看中国的历史，特别是中国近代史，1840 年以来，美、英等西方列强屡次侵略中国，对中国人民犯下累累罪行，手上沾满了中国人民的鲜血。现在，他们反而妄想通过伪“法庭”指控中国新疆“种族灭绝”，严重背离了客观事实，是非常可耻的！这是我对这些问题的看法，供大家参考。

**主持人：**

感谢新疆维吾尔自治区人民政府新闻发言人徐贵相和各位的情况介绍。刚才，新疆方面针对所谓的“维吾尔特别法庭”和其他情况，利用大量鲜活的事实，揭批了谎言。接下来，我们进入提问环节。由于时间关系，为了体现公正，给大家三个提问的机会，一个给中方的记者，一个给港澳地区的记者，一个给外媒记者。

## 问

**彭博社：**

徐先生，您刚才提到了中国是应对恐怖主义的标杆，世界其他国家可以从中学到很多的经验。您能不能具体介绍，中国采取的哪些具体举措值得大家借鉴？

## 答

**徐贵相：**

谢谢你的提问。首先，恐怖主义、极端主义给世界上很多国家的人民带来了深重的灾难，所以，打击恐怖主义、祛除极端主义的危害，是全人类面临的共同课题，也是一个世界性难题。新疆在这些方面也进行了积极探索。我认为，这种探索是有深刻意义的，是可以总结的，当然也欢迎面临同样问题的国家进行借鉴。我去过一些国家和地区，围绕反恐和去极端化问题也作过一些交流，我们也在学习其他地方的一些经验和做法。

新疆的做法，概括起来讲，第一点，就是高举法治的旗帜。新疆的反恐、去极端化工作始终都是在法治轨道上进行的，包括严格遵守中国宪法、反恐怖主义法精神。新疆也制定了反恐法的具体实施办法，以及《新疆维吾尔自治区去极端化条例》等。只有依法打击恐怖势力和极端主义势力，才能占据最大的优势，占领道义的制高点。第二点，就是对恐怖主义、极端主义进行严厉打击。因为恐怖主义、极端主义是人类的公敌，是反人类、反社会、反文明的。如果不去严惩这些恐怖主义势力和极端主义势力，那就等于纵容，就等于置人民群众的生命财产安全于不顾。我想，无论是作为受害国家，还是其他国家，在这一点上应该是高度一致的。新疆在这方面采取的严打措施，实践证明，是非常有成效的。第三点，就是教育引导。因为在新疆，特别是南疆地区，过去由于受到极端主义长期的渗透，很多群众对什么是宗教，对什么是披着宗教外衣的极端思想并不是很了解，很多人都受到极端主义的影响，甚至参与到暴恐活动中去。对这些群众，如果按照西方一些理念的话，很简单，把他们抓进监狱就行了。但是我们认为，这些群众也是受害者，所以我们采取的是教育转化的措施，对这些群众进行教育挽救。我认为：多设立一个教培中心，就意味着少建一所监狱；多教育一名教培学员，就意味着少一名罪犯。过去，我们经常说一句话："极端思想把他们从人变成了鬼"。现在是教培中心让他们"从鬼变成了人"，重新回到阳光下生活。

我认为，以上这些经验和做法值得研究，值得借鉴，也值得深思。我们在反复探讨这些问题。希望大家都能客观理性地看待新疆的反恐、去极端化工作，也许它不是十全十美的，但新疆的有益经验做法取得的成效已经实实在在地摆在了我们面前，我们应该认真看待这些问题，去思考、去总结、去传播，这才是我们应该共同努力去做的事情。

## 问

彭博社：

您刚才提到了新疆的这些做法是一种有益探索，您的意思是不是中国在反恐方面，在未来可能还会采取一些其他的做法？

## 答

徐贵相：

我认为，包括设立职业技能教育培训中心，采取这样的措施，实际上是一种阶段性的、集中性的教育。这也是过去一个时期新疆面临暴恐活动多发频发、大量群众被残害的形势时采取的措施。但这些工作又有一定长期性的或者说广泛性的借鉴价值，因为它是符合新疆实际的，符合反恐、去极端化工作规律的。现在新疆已经连续 4 年多没有发生过一起暴恐案（事）件，与我们采取的这些措施是有很大关系的。从长远看，反恐、去极端化工作是中国新疆，也包括世界许多国家和地区都面临的长期课题。

我们中国有句话叫做"树欲静而风不止"。新疆现在实现了 4 年多没发生暴恐案（事）件，但并不意味着就万事大吉了，并不意味着从此就没有了暴恐风险。不知道各位有没有注意到，最近中国国际电视台（CGTN）连续播放了 4 部关于新疆反恐、去极端化的纪录片，其中前段时间播出的《暗流涌动——中国新疆 反恐挑战》这部片子详细介绍了新疆在反恐、去极端化过程中仍然面临着一些问题，面临着一些风险。这是事实，并且这种风险和挑战在将来还会呈现出新的特点。我们的反恐、去极端化政策，也会随着实践的发展、随着反恐形势的发展不断地完善，使它们越来越符合反恐形势，越来越能产生更大效果，最终目的就是铲除恐怖主义，铲除极端主义，这应该是我们共同的愿望。所以在这一方面，我觉得我们都可以相互借鉴。

**主持人：**

非常感谢您的提问，但是时间有限。如果您还有其他的问题，我们事后还可以继续交流。接下来，我们把时间交给其他的媒体记者。

## 问

**香港电台：**

您好！我是香港电台记者。有一个团体叫做“维吾尔人权计划”，他们发表报告指出，自2014年起，中国在新疆地区拘捕维吾尔族和其他少数民族穆斯林的伊玛目，总计关押或拘留至少600名伊玛目和其他穆斯林宗教人士。对此，您有什么回应？

## 答

**徐贵相：**

这个600名的数字，我不知道是怎么来的，但是如果他们能够提供名单的话，我们倒是愿意去核实。关于这个问题，请伊力江·阿那依提先生回答。

**伊力江·阿那依提：**

新疆依照中国法律法规，按照“保护合法、制止非法、遏制极端、抵御渗透、打击犯罪”的原则，对宗教事务进行管理，保护宗教信仰自由，保障正常宗教活动有序进行。新疆加快地方性立法，先后颁布和修订了新疆维吾尔自治区《宗教事务条例》《宗教活动场所管理暂行规则》《宗教活动管理暂行规定》《宗教教职人员管理暂行规定》等法规规章，明确了宗教团体、宗教活动场所、宗教教职人员的权利和义务。同时，我们禁止任何组织或者个人利用宗教进行分裂国家、传播宗教极端思想、煽动民族仇恨、破坏民族团结、扰乱社会秩序、损害公民身心健康的活动，依法惩处利用宗教进行的违法犯罪活动。

在新疆，正常宗教活动得到充分保障。各族穆斯林按照教义、教规和传统习俗，在清真寺及在自己家里进行的正常宗教活动，都完全按个人意愿进行。伊斯兰教经典出版发行得到充分保障。新疆伊斯兰教教务指导委员会组织翻译出版了汉文、维吾尔文、哈萨克文、柯尔克孜文 4 种文字的《古兰经》《布哈里圣训实录精华》等伊斯兰教经典书籍，不断拓宽信教群众获得宗教知识的途径。伊斯兰教人才队伍建设得到充分保障。新疆现有 10 所伊斯兰教院校，即新疆伊斯兰教经学院和 8 所分院，以及新疆伊斯兰教经文学校，每年按需求招收本科、大专、中专学生，使伊斯兰教得到了健康有序传承。宗教界参政议政权利得到充分保障。全疆有 1000 多名各族宗教人士在各级人民代表大会、政治协商会议中担任代表、委员，履行参政议政、民主监督等权利。

需要强调的是，个别受到依法处理的违法犯罪人员，根本不是宗教人士，也不是宗教教职人员，他们是打着宗教旗号、披着宗教外衣、宣扬宗教极端思想、从事分裂渗透破坏和暴力恐怖活动的犯罪分子。他们利用信教群众朴素的宗教感情，散布极端主义，肆意歪曲宗教教义教规，将极端主义与宗教捆绑在一起，鼓动推翻世俗政权，妄图建立教法统治的国家。他们否定一切世俗观念和现代文明成果，鼓吹所谓“圣战殉教进天堂”，残害所谓“异教徒”“叛教者”，致使当地正常宗教活动遭到严重破坏，中道正信的宗教人士受到排斥、迫害，甚至被杀害。因宗教极端主义影响，大量信教群众被套上了沉重的精神枷锁，正常生产生活受到严重干扰，社会经济发展受到严重制约。

中国是一个法治国家，法律面前人人平等，没有法外之人、没有法外之地、没有法外之教。任何人不论哪个民族、信仰哪种宗教，一旦违法犯罪，都必须受到法律的严惩。

主持人：

谢谢伊力江·阿那依提先生的回答。下面，请记者朋友继续提问。

问

新华社：

近日，一些国家通过涉疆决议，称新疆存在“强迫劳动”，对此，您有何回应？

答

徐贵相：

这个问题我来回答。第一，新疆从来就没有“强迫劳动”，更没有“种族灭绝”，这些全都是弥天大谎，根本不是新疆的实际情况。实际上，已经有很多国外朋友到新疆实地进行了参访，他们说，到了新疆一下飞机，就知道到西方一些反华势力所称的全是谎话。新疆稳定和谐的社会局面，各族群众的笑容，这些都是装不出来的，是最生动、最有说服力的证据。第二，一些国家很随意地通过一些所谓的涉疆“决议”。很明显，这是在随着美国“起舞”。这些国家凭着西方一些政客、伪学者，包括一些不良媒体捏造的所谓事实和提供的虚假信息，就作出草率的动议或决定，我认为这是不科学、不严肃、不负责的，是一种低智商的表现。我要奉劝这些国家，跟着美国跑有什么好处？美国为世界上很多国家又带来了什么？我建议这些国家的政客们应该保持一份清醒，要看清楚美国究竟想要干什么，不要“割自己身上的肉，去给美国长脸”。第三，所谓的“涉疆问题”，根本就不是什么人权问题、宗教问题、民族问题。在新疆，人权、宗教信仰自由等等，都得到了最大程度的保障。所谓的涉疆问题，实质上是反暴恐、反渗透、反分裂、反干涉的问题，事关中国的主权与领土完整和国家利益，在这个问题上中国是绝对不会让步的。我们将坚决捍卫国家的主权、安全，坚决维护新疆的社会稳定和长治久安，也将坚定不移地与各种反华势力斗争到底。我们奉劝一些国家回到理性、正确的轨道上来，理智、客观地看待涉疆问题，不要在错误的道路上越走越远。

问

英国独立电视新闻亚洲分社：

“维吾尔法庭”还没有开庭，还没有看到太多信息，你们为什么提前搞这个发布会？

答

徐贵相：

这个所谓的“法庭”，本身就是非法的，拼凑这样的“法庭”完全就是一个闹剧。国际社会对“种族灭绝”罪有严格的定义、严格的认定主体、严格的程序，他们根本没有这个资格。新疆根本不存在什么“种族灭绝”，搞这种“法庭”的目的就是对新疆进行恶毒攻击，这是极为卑劣的行为，会对国际社会产生严重误导。我们搞这场发布会，就是要把事实真相讲出来，避免国际社会被这个所谓“法庭”带跑，以利于大家客观、公正、理智地看待涉疆问题，作出应有的判断。

问

英国独立电视新闻亚洲分社：

今天你们公布了 14 个人的情况，怎么看这些人的“证言”？

答

徐贵相：

我们判断，到所谓的“维吾尔特别法庭”作证的无非就是这些“演员”，他们人品恶劣、满嘴谎言，在国际社会上东窜西跳，到处搞所谓的“印证”活动。这些人背叛了自己的祖国，背叛了自己的民族，背叛了自己的人格，像这样的人说出的话，有什么可信度呢？

问

英国独立电视新闻亚洲分社：

这个“法庭”开庭以后还会不会搞这样的发布会？

答

徐贵相：

这要看这个所谓“法庭”的下一步动向。如果他们一意孤行，非要进行这样的拙劣“表演”，我们还会举行这样的发布会，坚决进行回击。

主持人：

感谢徐贵相先生的回答。今天的发布会到此结束。今后，我们还会适时举办这样的新闻发布会，欢迎记者朋友再次参加。谢谢大家！

TV TOKYO

涉疆问题新闻发布会
Press Conference on Xinjiang-related Issues
2021年6月3日
June 3, 2021

# 新疆维吾尔自治区第38场涉疆问题新闻发布会实录

2021年6月3日，新疆维吾尔自治区人民政府新闻办公室举行第38场涉疆问题新闻发布会。这也是2020年12月以来在北京举行的第10场涉疆问题新闻发布会。发布会邀请到新疆维吾尔自治区人民政府新闻发言人徐贵相、伊力江·阿那依提，新疆维吾尔自治区人力资源和社会保障厅厅长热合满江·达吾提，新疆维吾尔自治区总工会副主席伊力都斯·木拉提，新疆维吾尔自治区工商联副主席努尔力·尤努斯，新疆维吾尔自治区纺织行业协会副会长刘清江，新疆维吾尔自治区有色金属行业协会秘书长潘存翔，新疆大学法学院副院长艾尔肯·沙木沙克，阿克苏华孚色纺有限公司员工艾克拜尔·吐鲁洪，就新疆的劳动和就业保障等问题介绍有关情况并进行交流。

外交部新闻司参赞毕海波（主持人）：

各位记者朋友，大家上午好！欢迎大家出席在外交部举行的第十场涉疆问题新闻发布会。一段时间以来，一些反华势力以所谓的“强迫劳动”为借口，对新疆进行攻击和抹黑，媒体有很多的关注和这方面的报道。今天我们专门邀请了新疆相关部门负责人、纺织等行业负责人、专家学者和企业员工，跟大家进行交流。下面我们请新疆维吾尔自治区人民政府新闻发言人徐贵相先生为大家介绍相关情况。

徐贵相：

各位媒体记者朋友，欢迎出席新疆维吾尔自治区在北京召开的第十场涉疆问题新闻发布会。

首先，我介绍一下新疆方面参加今天发布会的人员，他们是：新疆维吾尔自治区人民政府新闻发言人伊力江·阿那依提，新疆维吾尔自治区人力资源和社会保障厅厅长热合满江·达吾提，新疆维吾尔自治区总工会副主席伊力都斯·木拉提，新疆维吾尔自治区工商联副主席努尔力·尤努斯，新疆维吾尔自治区纺织行业协会副会长刘清江，新疆维吾尔自治区有色金属行业协会秘书长潘存翔，新疆大学法学院副院长艾尔肯·沙木沙克，阿克苏华孚色纺有限公司员工艾克拜尔·吐鲁洪。他们几位将就新疆的劳动和就业保障等问题向大家介绍有关情况，进行交流。

关于所谓新疆存在“强迫劳动”问题，完全是美西方一些反华机构和人员炮制的谎言谬论。大家都看到了，过去举行的涉疆问题新闻发布会及其他的相关场合，我们已经多次郑重表态，并且进行过揭露，但美西方反华势力执意诬蔑新疆存在“强迫劳动”，并意欲在一些国际场合发起挑衅。所以，我们认为有必要召开一次专题涉疆问题新闻发布会，进一步澄清事实、讲明真相，让国际社会看清楚美西方反华势力的卑劣行径。这里，我先强调几点。

第一，什么是“强迫劳动”？20世纪初，世界上一些资本主义强国推行殖民主义，对殖民地国家进行大规模、严重的强迫劳动和奴役剥削。在此背景下，国际劳工组织推动各成员国陆续制定了一系列公约。其中，1930 年《强迫劳动公约》（第 29 号）第 2 条第 1 款将“强迫劳动”定义为“以任何惩罚相威胁，强迫任何人从事的非本人自愿的一切劳动或服务”。该定义主要包含“以惩罚相威胁”“非自愿性”“对象不限定”三个要素。《1930 年强迫劳动公约 2014 年议定书》第 1 条第 3 款又进一步明确，以获取劳动力为目的的人口贩运也属于强迫劳动。可见，某些国家、某些组织、某些人主观臆想所谓涉疆“强迫劳动”不仅不符合事实，也不符合有关定义。

第二，新疆是怎么做的？中国政府始终高度重视劳动者权益保护工作，一贯反对强迫劳动。中国的有关法律法规明确禁止强迫劳动，对各种劳动用工领域违法犯罪问题进行深入排查整治，发现违法犯罪行为，一律依法予以查处。新疆认真贯彻落实国家法律法规，坚决防止任何形式的强迫劳动。2020 年 9 月 17 日，国务院新闻办公室发布了《新疆的劳动就业保障》白皮书，对新疆劳动就业的基本状况，新疆大力实施积极的就业政策、充分尊重劳动者的就业意愿、依法保障劳动者的基本权利、劳动就业创造美好生活、积极践行国际劳工和人权标准及取得的显著成效等，作了全面系统阐述。新疆坚持以人为本的理念，坚持社会公平正义，积极响应国际劳工组织倡议，将体面劳动融入有关政策和发展规划，坚决排除阻碍劳动者参与发展、分享发展成果的障碍，着力在尊重劳动者意愿、保护劳动者权益、改善劳动环境和条件、体现劳动者价值上下功夫，努力让劳动者实现体面劳动、全面发展，这样的理念符合国际社会的共识和追求。新疆坚持把促进就业作为最大的民生工程、民心工程和根基工程，不断健全就业创业政策体系，帮助城乡富余劳动力转移就业、高校毕业生就业、退役军人就业、困难群体就业，最大限度保障劳动者就业权利。新疆坚持把尊重劳动者意愿作为制定就业政策、拓宽就业渠道、开发就业岗位、开展就业培训、提供就业服务的重要依据，通过定期开展劳动者就业意愿调查，了解劳动者在就业地点、就业岗位、薪酬待遇、工作条件、生活环境、发展前景等方面的需求，及时完善政策措施，努力满足个性化需求。

第三，实际成效如何？积极的劳动就业政策让新疆各族群众实现了稳定就业、持续就业、长期就业，他们通过劳动就业获得了稳定收入。据不完全统计，在内地转移就业的新疆籍劳动者人均年收入约 4 万元，与当地城镇常住居民可支配收入基本相当；在疆内转移就业的劳动者人均年收入约 3 万元，远高于原来在家务农的收入。各族群众多形式就业，形成了“家家有门路、人人有事干、户户有收入”的喜人场景。

毫无疑问，新疆各族群众在阳光下体面劳动，正在创造幸福美好的生活。但美西方一些人却打着人权旗号，恶意炒作所谓新疆存在“强迫劳动”问题，他们的根本目的就是剥夺新疆各族群众合法的劳动权利，使各族群众处于贫困、封闭、落后之中，从而扰乱新疆稳定发展大局，实现“以疆制华”图谋。这是逆历史潮流而动的错误之举，必将落得破产。

以上是我对这个问题的一些看法，跟大家交流。

接下来请新疆维吾尔自治区人力资源和社会保障厅厅长热合满江·达吾提先生介绍新疆实施劳动就业保障政策的情况。

热合满江·达吾提：

做好劳动就业工作，对于保障各族人民劳动就业权利、发展和改善民生、促进社会和谐稳定意义重大。中共十八大以来，新疆大力实施就业惠民工程，持续加大就业培训力度，积极拓宽就业渠道，有效扩大就业容量，就业形势持续向好，各族群众收入水平不断提升，生活质量越来越高，获得感、幸福感、安全感显著增强。

近年来，新疆认真贯彻国家法律法规，坚持“劳动者自主择业、市场调节就业、政府促进就业和鼓励创业”的方针，实施就业优先战略和更加积极的就业政策，加快推进公共就业服务体系建设，推动就业状况持续改善、就业局势总体稳定，成为发展和改善民生的突出亮点。

一是实施就业优先战略，把扩大和吸纳就业作为制定社会发展政策和实施重大项目的重要因素，建立有利于扩大就业的经济结构和增长模式，促进产业结构、区域发展与就业水平协同。2014 年至 2020 年，新疆的劳动就业总人数从 1135.24 万人增加到 1369.08 万人，增长 20.6%，年均新增城镇就业 47 万人以上。

二是采取给予就业创业补贴、职业技能培训补贴、社会保险补贴、税收优惠、创业担保贷款等促进就业政策措施，鼓励企业吸纳就业，支持城乡劳动者自谋职业和自主创业。2020 年，仅和田地区就发放担保贷款 17.08 亿元，比 2019 年增加 7.98 亿元，共帮助 2.62 万名高校毕业生、农村劳动力、就业困难人员等各类劳动者创业。阿克苏地区库车市的阿迪莱·阿不来提，2018 年从北京服装学院毕业后返乡创业，在政府帮扶下开办了一家服装公司，2019 年实现产值 200 多万元，带动了 40 多名妇女就业。阿勒泰市的吉别克·努尔兰汗是一名残疾人，大学毕业后回到家乡，当地人社部门安排她参加了创业培训班，并帮助她筹集 10 万元资金，注册了阿克依额克百货商店，主营哈萨克族刺绣手工艺品，实现月收入 6000 多元。

三是不断强化基层公共就业和人才服务机构能力建设，针对贫困家庭劳动力、未就业高校毕业生、城镇失业人员等开展公共就业服务，为劳动者就业创业提供平等的参与机会。截至 2020 年底，全疆县级以上人力资源市场 186 家，基层劳动保障站所 12853 个，当年累计提供各类就业服务 2189.5 万余人次。2014 年至 2020 年，新疆累计帮助 37.64 万名城镇就业困难人员实现就业，确保零就业家庭 24 小时动态清零。2020 年，新疆高校应届毕业生就业率达 89.05%，返疆内地高校新疆籍少数民族毕业生就业率达 92.48%。

四是积极促进少数民族群众就业。新疆积极引导各族群众特别是少数民族群众就近就地就业和有序转移就业，多渠道促进就业创业，最大限度保障他们的劳动就业权利，帮助他们劳动就业、增收致富。当地政府积极发展纺织服装、农产品加工等劳动密集型产业和餐饮、旅游、商贸等服务业，为他们创造合适的就业岗位。

新疆一些少数民族青年，在当地政府的引导、公共就业服务机构的服务和帮助下，根据自己的意愿，到对口援疆省市的企业务工就业。他们月人均收入都在 3000 元以上，高的可以达到每月 6000—7000 元，远远高于在家务农收入，脱贫成效明显。由于获得了稳定的就业岗位和实实在在的收入，他们的生活条件大幅改善。

我特别强调，新疆开展劳动力转移就业工作，最根本的原则和前提，就是充分尊重劳动者的个人意愿和选择，根本不存在强迫任何一个人到任何一个地方、任何一个岗位就业的情况。

一是新疆各族群众劳动就业均受法律保护。新疆始终遵循《国际劳工组织章程》和相关公约精神，严格执行《中华人民共和国劳动法》《中华人民共和国劳动合同法》《新疆维吾尔自治区贯彻〈中华人民共和国劳动法〉实施意见》《新疆维吾尔自治区实施〈劳动保障监察条例〉办法》等法律法规，把劳动关系的建立、运行、监督、调处纳入法治化轨道，严厉禁止以暴力、威胁或非法限制人身自由为手段强迫劳动。

二是新疆各族群众劳动就业是完全自由的。他们有选择职业的自由，去什么地方、干什么工作都是自己的意愿，人身自由从未受到限制。政府所做的工作，就是健全完善各项促进就业政策，积极搭建就业信息平台，营造良好的劳动就业环境，为各族群众找到满意的工作、获得稳定的收入创造条件，最大限度保障各族群众劳动就业权利。

三是新疆各族群众劳动权益依法得到保障。各族劳动者的劳动报酬权、休息休假权、劳动安全卫生保护权、获得社会保险福利权等权利均依法得到保护。无论是在新疆还是在其他地区，各族劳动者的宗教信仰、民族文化、语言文字等方面权益均依法得到尊重和保障。

一段时间以来，国际上一些反华势力出于意识形态偏见，无视新疆为保障人权所作的巨大努力，搞人权双重标准。他们罔顾事实，颠倒黑白，肆意炒作所谓新疆“强迫劳动”问题，抹黑新疆的劳动就业保障工作，妄图剥夺新疆各族群众的劳动权，使他们永远生活在贫困、封闭、落后的状态，阻挠新疆各族人民追求美好幸福生活，理应遭到一切爱好正义进步的人们的坚决反对。

接下来，请大家观看两段视频。第一段反映的是巴音郭楞蒙古自治州某番茄厂员工工作情况；第二段反映的是克孜勒苏柯尔克孜自治州阿丽叶木·热合曼的转移就业情况。

徐贵相：

下面，请新疆维吾尔自治区总工会副主席伊力都斯·木拉提先生介绍新疆维护职工合法权益、竭诚服务职工群众的情况。

伊力都斯·木拉提：

新疆维吾尔自治区总工会是代表新疆各民族职工利益、维护职工合法权益的群众组织。我们始终认真履行维护职工合法权益、竭诚服务职工群众的基本职责，围绕劳动报酬、工时和休息休假、养老、工伤、医疗、失业保险索赔，以及劳动者福利待遇保障等直接关系到劳动者切身利益的问题开展工作，努力构建和谐劳动关系。工会是各民族职工之家。目前全区已设立基层工会组织3.25万个，覆盖单位9.15万个，工会会员达436.67万人，全区百人以上企业工会组建率达95%以上。

我们依法维护各民族职工的权益。我们在全区设立了近100家职工法律服务站，为各族职工免费提供法律咨询和法律援助等服务。我们联合自治区司法厅、新疆律师协会成立了由律师组成的志愿团，先后深入3000余家企业，走进基层企业一线车间，与职工零距离地开展“送法进企业”法治宣讲活动，指导各族职工本着平等自愿的原则，与相关企业依法签订劳动合同，获取相应报酬。我们开展了10000余场次“遵法守法·携手筑梦”农民工公益法律服务行动等活动，为各族劳动者在劳动报酬权、休息休假权、劳动安全卫生保护权、获得社会保险福利权等权利方面提供公益法律服务。

我们依法保护各族群众劳动权利。我们积极主动地为各族群众提供形式多样的培训、就业和创业机会，鼓励、帮助和支持他们勤劳致富，用自己的双手摆脱贫困，过上更好的生活。我们还广泛开展技能提升活动，设立3000万元奖励基金，鼓励各族职工提升自身素质和技能，按照自己的个人意愿选择职业。比如，新疆油田重油开发公司采油作业五区班长、新疆维吾尔自治区总工会兼职副主席肉孜麦麦提·巴克，从一名普通的一线石油工人成长为中石油集团技能专家，享受国务院政府特殊津贴，获得全国劳动模范、全国优秀共产党员等荣誉，年收入约39万元。

我们为广大职工群众竭诚提供服务，通过开展集体协商和职代会民主管理等方式积极维护职工合法权益。比如：对缩短工时、轮岗轮休、稳岗转岗和工资调整等工作开展协商，做到哪里的职工合法权益受到侵害，哪里的工会就会站出来说话。我们积极做好城市困难职工解困脱困工作，不断加大帮扶救助力度，为广大职工提供具有工会特点的普惠性、常态性、精准性服务，使8.4万户困难职工实现了脱困。

我们充分尊重各族职工风俗习惯，要求各相关企业和单位为穆斯林职工提供清真餐饮，同时为丰富职工文化娱乐生活，购置篮球、乒乓球、足球等文体娱乐用品，经常组织开展文艺晚会、联谊会和节庆日聚餐、座谈等活动。

美西方反华势力肆意抹黑新疆人权状况，编造所谓新疆存在“强迫劳动”的弥天大谎，充分暴露出他们企图以人权为幌子干涉中国内政，破坏新疆安全稳定局面的险恶用心。对此，我代表新疆维吾尔自治区工会组织表示坚决反对和强烈谴责！我相信，谎言重复一千遍也成不了事实，无论美西方反华势力如何造谣抹黑，都无法阻挡新疆繁荣发展的步伐，也改变不了新疆各族人民团结友爱、互帮互助、共同进步的大好形势。新疆的明天会更美好！

接下来，请大家观看视频。这段视频反映的是新疆棉纺织企业少数民族员工的工作生活情况。

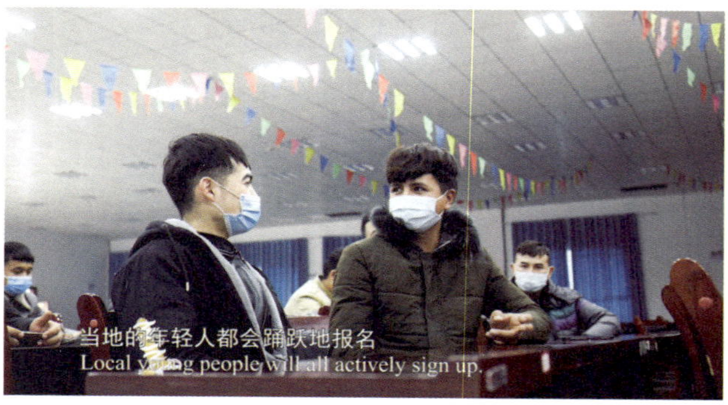

徐贵相：

谢谢大家观看。接下来请新疆维吾尔自治区工商业联合会副主席努尔力·尤努斯先生介绍新疆民营企业促进经济发展、吸纳就业、改善民生的情况。

努尔力·尤努斯：

随着国家和自治区对民营企业的大力扶持，新疆民营企业不断发展壮大，民营经济在促进经济发展、扩大社会就业等方面发挥了重要作用。目前，民营经济已成为新疆经济发展中最具活力、最具潜力的增长点，涉及房地产、建筑安装、纺织、农副产品加工、石油化工、餐饮服务、特色林果等 40 多个行业。截至 2021 年 2 月底，新疆登记注册市场主体总量已突破 200 万户，其中民营企业 35.68 万户。

新疆民营企业在促进就业方面作出了积极贡献。近年来，广大民营企业积极承担社会责任，创造大量岗位。2020 年，新疆民营中小微企业吸纳就业 17.95 万人，占全区城镇新增企业就业的 90%。同时，各民营企业积极拓宽用工渠道，拓宽就业渠道，增加就业选择。比如，和田霸丽穆商贸有限责任公司采用线上线下招聘方式，自 2010 年组建服装生产合作社到现在，已招聘各类就业人员 763 人，不仅增加了社会就业，还为各族员工提供了较好的待遇和条件。企业负责人乌布力艾散·乌布力喀斯木表示："看看我们的企业，你就明白了所谓'强迫劳动'就是无耻谎言，美西方反华势力的卑鄙目的永远不会得逞！"

新疆民营企业充分保护员工合法权益。我们严格遵守《中华人民共和国劳动法》等法律法规，积极构建和谐劳动关系，不断改善劳动条件，加强人文关怀，保障安全生产。坚持各民族一律平等，在平等自愿的前提下依法与各族员工签订劳动合同，明确用人单位和劳动者权利义务，健全政府、工会和企业组织代表协商劳动关系三方机制。企业各族员工都享有自主就业、自由择业的权利，他们都积极在工作岗位上锻炼技能，提高工资收入，不存在任何"强迫劳动"的情况。企业按时为员工足额缴纳保险，薪资分配实行"按劳分配，多劳多得"的原则，按时按量兑现薪酬待遇。企业还十分注重丰富员工业余生活，经常性地开展文化娱乐活动，开展民族团结联谊活动，增强员工的归属感和幸福感。比如，去年多家企业联合实施“劳动关系‘和谐同行’能力提升行动计划”，通过改进和完善企业劳动用工、工资分配工作，进一步提升劳动关系公共服务能力和基层调解仲裁效能，为新疆广大劳动者提供精准的权益保障服务。

近年来，全区各级工商联配合相关部门建立了劳动关系动态监测制度，对企业和职工进行常态化监测调查，重点监测劳动合同、集体合同的订立和履行、工作时间、休息休假、社会保险缴纳和劳动争议等情况。监测显示，民营企业在构建和谐劳动关系、维护劳动者合法权益等方面已经形成了良好的机制，未发现任何少数民族员工被“强迫劳动”或被限制人身自由、不尊重少数民族宗教信仰和语言文字的现象。

事实证明，新疆的劳动关系是和谐的，新疆各族劳动者的人权和各项权益都得到了充分保障。新疆所做的一切坦坦荡荡，光明正大，经得起历史的检验。任何外部势力都干扰不了新疆的和谐稳定、阻挡不了新疆各民族的团结进步、抹杀不了新疆人权事业发展进步的客观事实。

谢谢大家！

徐贵相：

下面，请新疆维吾尔自治区纺织行业协会副会长刘清江先生介绍新疆纺织行业保护各族劳动者各项权益的情况。

刘清江：

近年来，新疆棉纺织及服装产业迅速发展，为促进新疆经济发展、助力贫困人口脱贫增收、解决各族群众就业、改善民生福祉发挥了重要作用。在纺纱等加工生产环节，新疆纺织企业普遍使用了国内外先进的设备和自动装置，建成的智能化生产车间体现了国内纺织行业发展的最高水平，根本不存在所谓的“强迫劳动”问题。

新疆纺织行业坚持各民族一律平等，充分尊重各族劳动者意愿。长期以来，新疆纺织企业始终严格按照《中华人民共和国劳动法》《中华人民共和国劳动合同法》等法律法规规定用工。自主和公开招聘是新疆纺织企业招聘员工的主要途径，企业中所有职工都是通过现场招聘会、网络招聘、亲友推荐等方式自愿选择进入棉纺企业的。包括少数民族在内的职工群体，没有任何一个人是被强迫进入企业的。例如，石河子市某棉纺企业职工吐尔逊·艾力和阿依古丽生·加明克，经由亲戚介绍进入企业工作，对企业十分满意，还介绍了十多个同乡到所在企业上班。在聘用过程中，新疆纺织企业对各族员工一视同仁，不歧视任何特定民族。新疆纺织行业奉行构建和谐劳动关系的原则，一直严格遵守公平劳动守则，在平等自愿、协商一致的基础上与劳动者签订劳动合同，明确工作内容、工作条件、劳动工时、劳动报酬、社会保险、休息休假等权益，建立受法律保护的劳动关系。

新疆纺织行业致力于保护各族劳动者各项权益。新疆纺织行业的快速发展，提供了更多的工作机会和更好的工作条件，吸引了各族群众积极、自愿进入纺织企业就业。在劳动报酬方面，实行“按劳分配、多劳多得”，员工不论民族与性别，实行同工同酬，薪资待遇与技能水平挂钩，员工月平均工资为3500元左右。例如，有一家纺织企业的维吾尔族员工名字叫麦尔耶姆·伊麦尔，三年前他还是乌什县的一个农民，到处打工，没有稳定的收入，现在每个月都能拿到3500元固定工资，工厂还提供免费食宿，家里生活条件越来越好。新疆的纺织企业普遍注重员工的技能培训，为许多基本无就业技能的员工提供了自我发展机会。例如，新疆阿克苏华孚色纺有限公司已有150多名少数民族员工成长为班组长、教练以上骨干，其中一厂自动络筒工序教练帕提古丽·吐尔苏曾荣获全国第四届纺织行业劳动模范称号。近年来，新疆共有409名纺织服装技术能手和3300名技能新兵获得表彰奖励，少数民族企业员工的个人发展权利得到了充分体现。新疆纺织企业十分注重人性化管理，向员工提供免费食宿或者食宿补贴，改善住宿环境和周边的配套服务，提供免费班车、夫妻公寓等。很多企业还设置了员工业余活动中心，配备了娱乐健身设施，定期组织员工开展运动会、技能操作比赛、文艺晚会等集体活动。新疆纺织企业充分尊重各族职工的风俗习惯、宗教信仰自由和使用本民族语言文字等权利，为有需要的员工提供清真餐食，每逢元旦、春节、古尔邦节、肉孜节等传统节日，都会组织庆祝活动。新疆纺织企业积极维护企业员工合法权益，大力推进企业工会组织建设。截至2019年底，新疆全区规模以上纺织服装企业已全部建立工会组织。

国际社会有关人士在进行实地考察后，对新疆纺织企业在保障人权和员工自由方面的成绩给予了客观评价。2019年，阿克苏华孚色纺有限公司在由国际品牌联合国际非政府组织推动实施的“社会劳工整合项目”（SLCP）审核中，准确性指数为

96.9%，说明该企业在社会和劳工条件方面高度符合供应链下游合作伙伴的标准和要求，确认不存在“强迫劳动”现象。今年，H&M、耐克、阿迪达斯等“良好棉花协会”（BCI）成员遭到中国消费者声讨抵制后，BCI随即下架了诋毁“新疆棉”的声明，这说明真相已让虚假消息不攻自破。BCI上海代表处也两次发表声明，称从未在新疆发现所谓“强迫劳动”事件，正与总部沟通，将与新疆合作伙伴继续保持沟通。无印良品也声明，曾委托第三方赴新疆调查，并未发现违规行为，将继续使用新疆棉花。美国休闲运动品牌斯凯奇声明，该公司对中国供应商进行独立调查后，并没有发现所谓的“强迫劳动”问题。新疆纺织产业已成为全球纺织供应链中重要的一环，“洁白的新疆棉花不容抹黑”已成为社会各界的共识。部分美西方国家以所谓“强迫劳动”问题为借口，采取各种措施限制打压新疆纺织企业，损人不利己，最终只会搬起石头砸自己的脚。俗话说：“耳听为虚，眼见为实。”我们真诚欢迎不带偏见的各国机构、企业到新疆来，实地走访考察我们的纺织服装工厂，独立了解、判断相关事实。我相信，谎言终究掩盖不了真相，事实定将战胜谬论！

谢谢大家！

接下来，请大家观看两段视频。第一段反映的是阿克苏市纺织女工热娜古力·麦麦提工作生活情况；第二段反映的是喀什地区英吉沙县踏吉古丽·达吾提就近就业的情况。

徐贵相：

下面，请新疆维吾尔自治区有色金属行业协会秘书长潘存翔先生介绍新疆光伏行业生产经营的情况。

潘存翔：

2021年年初，国际太阳能行业组织、研究机构宣布组建所谓“反强迫劳动”联盟，矛头直指中国新疆光伏产业，企图用打击新疆棉花产业的手法，给新疆光伏产业扣上“强迫劳动”的帽子，遏制新疆光伏产业发展，破坏中国参与全球光伏产业价值链的合作。对此，我们新疆维吾尔自治区有色金属行业协会、硅业分会及所属全体企业深表愤怒并予以强烈谴责！

众所周知，多晶硅生产并非劳动密集型产业，而是技术和资本密集型产业。目前，新疆的多晶硅企业均达到国际一流水平，实现了高度自动化与数字化，5G技术已经应用到生产过程中。工厂中的大多数操作都由电脑完成，整个多晶硅生产的“中枢神经”是中央控制室，中控室主操作员通过鼠标和键盘远程操控阀门等装置，在各个生产环节并不需要大量员工手动操作。例如，在粉碎与包装环节，随着自动化设备的引入，该步骤所需的人力与十年前相比下降了50%。只要到工厂看过的人就知道，多晶硅生产已实现高度自动化和智能化，工厂环境干净整洁，实行8小时工作制，所谓“强迫劳动”完全是无稽之谈。近期，全国多晶硅产业发展论坛在新疆召开，一些媒体记者实地采访了部分多晶硅生产基地，发现那里没有任何“强迫”的痕迹，都是已经达到国际一流水平、高度自动化与数字化的现代工厂。

需要强调的是，新疆的光伏企业都是合法注册、依法依规生产经营的企业，始终忠实履行社会责任，恪守商业道德准则，依法保障少数民族员工平等就业、不受歧视，保障他们的行动自由，根本不存在所谓“强迫劳动”等问题。新疆各族群众的劳动就业是完全自由的，他们有选择职业的自由，去什么地方、干什么工作都是凭自己的意愿。他们通过网络招聘、校园招聘、人才市场、员工介绍等渠道，与有关企业依法签订劳动合同。他们的劳动报酬权、休息休假权、劳动安全卫生保护权、获得社会保险福利权等均依法得到保护。他们的宗教信仰、民族文化、语言文字等方面权益均依法得到尊重和保障。多晶硅企业员工工资收入在当地属于中高水平。此外，公司还提供带薪年假、探亲假、年终奖等各类福利待遇，各族员工对工资水平和福利待遇普遍表示满意。

推动以光伏为代表的可再生能源发展，促进能源变革，已成为世界各国发展共识。在各国纷纷提升气候承诺目标的背景下，我们需要的是更多合作而不是恶意抹黑。一些反华势力人为“筑墙”“脱钩”，不仅违反国际贸易规则和市场经济原则，也会破坏全球产业链、供应链，损害包括美国在内的各国企业和消费者利益。中国光伏产业并不单单为某一国市场服务，而是为全球市场服务。如果谁要对新疆光伏产业进行“灭绝”，恐怕要问问中国的光伏产业和全世界的光伏市场是否答应！

最后，我代表新疆维吾尔自治区有色金属行业协会，欢迎国际太阳能行业组织、研究机构及相关国家光伏企业来新疆访问、考察。希望有关组织及企业本着对自己负责、对他人负责的态度，明辨是非、尊重事实，不信谣传谣，作出符合自身利益的正确判断。

谢谢大家。

徐贵相：

下面，请新疆大学法学院副院长、副教授艾尔肯·沙木沙克谈一谈他对所谓新疆存在“强迫劳动”问题的看法。

艾尔肯·沙木沙克：

近期，美西方少数国家基于个别反华分子凭空捏造的谎言和虚假信息，无端指责中国新疆维吾尔自治区存在所谓“强迫劳动”，并借机抛出相关法案，限制新疆产品出口，对中国新疆官员、机构和企业发起制裁。然而，所谓新疆存在“强迫劳动”，完全是一个彻头彻尾的伪命题，是一些反华分子凭空捏造的弥天谎言。是否存在“强迫劳动”，不是凭着某些国家、某些组织、某些人的主观臆想就能认定的，国际社会对这个问题早有明确的定义。国际劳工组织于 1930 年 6 月 28 日通过的《强迫劳动公约》，将“强迫劳动”定义为“以任何惩罚相威胁，强迫任何人从事的非本人自愿的一切劳动或服务”。在新疆，各族群众完全自愿就业、自主择业，维吾尔族等各族劳动者的各项权益都受中国宪法、劳动法、劳动合同法、刑法、治安管理处罚法、就业促进法、社会保险法等的保护。无论是从国际公约的定义，从我国法律规定，还是从客观实际看，新疆都根本不存在、也绝对不可能存在所谓“强迫劳动”。

第一，新疆各族群众的平等就业权受到法律保护。保障平等就业权不仅是最大的民生，也是维护人的尊严、实现人民幸福生活的重要途径。在我国，宪法、劳动法、劳动合同法、就业促进法、社会保险法、妇女权益保障法、残疾人保障法等国家法律是保障劳动者平等就业权的重要法律依据。此外，新疆维吾尔自治区人大常委会制定实施的《新疆维吾尔自治区实施〈中华人民共和国就业促进法〉办法》《新疆维吾尔自治区实施〈劳动保障监察条例〉办法》《新疆维吾尔自治区职工劳动权益保障条例》《新疆维吾尔自治区实施〈中华人民共和国妇女权益保障法〉办法》《新疆维吾尔自治区实施〈中华人民共和国残疾人保障法〉办法》等地方性法规，为各族劳动者平等享有劳动就业权利提供了坚实法治保障，确保了任何公民都平等地享有就业的权利和资格，不因民族、种族、性别、年龄、文化、宗教信仰、经济能力等而受到限制或歧视。

第二，新疆各族劳动者自愿就业、自主择业，人身自由受法律保护。劳动者享有自主择业权是劳动者人格独立和意志自由的法律体现。根据《中华人民共和国刑法》《中华人民共和国劳动法》《中华人民共和国劳动合同法》《中华人民共和国治安管理处罚法》有关规定，中国严厉禁止以暴力、威胁或者非法限制人身自由的手段强迫劳动，以及侮辱、体罚、殴打、非法搜查和拘禁劳动者等行为，对违法行为，依法予以行政处罚，构成犯罪的，依法追究刑事责任。在新疆地区，各族群众劳动就业是完全自由的，各族劳动者都具有自主选择职业的权利，从事何种劳动、去什么地方工作、进入哪一个用人单位工作都是自主决定的。各族劳动者自愿依法与用人单位签订劳动合同，建立劳动关系，人身自由受到法律保护。

第三，新疆各族劳动者的休息休假权受到法律保护。休息休假权是人权的重要组成部分，是我国宪法规定的公民基本权利之一，是一种体现劳动者人格独立、蕴涵劳动者利益的人权类型。新疆按照国家有关法律法规规定，实行劳动者每日工作 8 小时、每周工作 40 小时的工时制度。用人单位因生产经营需要延长工作时间，必须依法与工会和劳动者协商，并安排补休或支付相应报酬；同时，保障劳动者依法享有春节、肉孜节、古尔邦节等法定节假日和休息日的休息权利。

第四，新疆各族劳动者获得劳动报酬的权利受到法律保护。劳动报酬权是劳动权利的核心，是一项基本人权，它既是劳动者及其家属基本的生活保障，也是社会对其劳动的承认和评价。劳动报酬权是国际劳工组织确认的核心劳工标准之一，也是我国宪法、劳动法、劳动合同法、刑法等重点保护的对象。在新疆地区，各族劳动者付出劳动后，依照国家有关法律有权取得报酬，而用人单位应按时足额向劳动者支付工资。如果用人单位违反这些应尽的义务，劳动者依法有权向有关部门举报投诉。各级人力资源社会保障行政部门和公安机关加强行政执法与刑事司法衔接机制建设，加大对拒不支付劳动报酬犯罪行为的打击力度，保障劳动者按时足额获得工资报酬，切实维护各族劳动者合法权益。

第五，各族劳动群众的风俗习惯、宗教信仰、语言文字均依法受到法律保护。新疆严格执行《中华人民共和国宪法》《中华人民共和国民族区域自治法》《中华人民共和国国家通用语言文字法》《宗教事务条例》等法律法规，充分尊重和保障各族劳动者宗教信仰自由权利，任何组织和个人不得干涉。在依法推广国家通用语言文字的同时，新疆充分尊重和保障少数民族劳动者使用本民族语言文字的权利，劳动者可以自主选择使用何种语言文字进行交流；充分尊重各族劳动者风俗习惯，积极创造良好的工作和生活环境。

新疆的劳动就业保障及其实践，符合中国宪法法律，符合国际劳工和人权标准，契合新疆各族群众过上美好生活的强烈愿望，惠民生、顺民意、得民心，完全经得起全世界的检验。

徐贵相:

谢谢艾尔肯·沙木沙克。今天我们请来了阿克苏华孚色纺有限公司员工艾克拜尔·吐鲁洪，请他介绍阿克苏华孚色纺有限公司的情况。

艾克拜尔·吐鲁洪:

大家好！我叫艾克拜尔·吐鲁洪，现在是阿克苏华孚色纺有限公司的一名前纺清花挡车工。

2016年的一天，有个亲戚告诉我妈妈，华孚公司正在招人。第二天一大早，我就去参加面试了。面试的时候，公司的人事主管详细地给我介绍了上班时间、工资待遇、休息休假等一系列公司制度，也仔细询问了我的工作意愿。经过考虑，我和公司签订了劳动合同，顺利地入职了。

到公司后，我认真地跟着师傅学习。看到我很快就熟练掌握了技术，班长和车间领导都说我是干纺织的好苗子。听到他们对我的肯定，我的干劲更足了。2018年，工作近2年后，我不仅涨了工资，还被提拔为班长。

除了工作，我对公司的生活条件也很满意。公司尊重我们少数民族员工生活习俗习惯，提供清真饮食，合理设置菜谱，菜品种类齐全。公司为我们提供了免费住宿，为夫妻工提供了夫妻房，宿舍洗漱、卫浴、网络等配置齐全，生活很方便。过年过节时，公司还会组织文艺活动和运动会，丰富我们的业余生活。

在华孚工作以后，我的生活发生了天翻地覆的变化。过去，我和父亲一起在山上放羊挣钱养家，家里的生活很困难。现在我是产业工人了，还在公司里找到了情投意合的爱人。我们夫妻俩每月能挣8000多元工资，我们感到非常幸福。我们决心好好干下去，计划以后在公司附近购买一套住房，为孩子提供更好的学习和生活条件。

近期，我们接待了很多外国人士到我公司参观，他们和我们作了深入交流。参观结束时，他们都表示，在华孚没有见到有任何“强迫劳动”的情况，认为我们员工都享受着充分的自由，饮食、住宿条件都很好，员工在这里工作生活都非常愉快，充分享有各项合法权利。

美西方反华势力以存在“强迫劳动”为由，对我们公司进行了制裁，这是典型的造谣抹黑、恶意中伤，严重伤害了我们的感情，损害了我们的权益，我们感到非常愤怒！他们打着关心我们维吾尔族“人权”的旗号，干着侵害我们劳动权利的事，我们绝不答应！

谎言和偏见掩盖不了铁的事实。美西方反华势力不管如何抹黑我公司，都不能动摇我公司全体职工，特别是少数民族员工通过辛勤劳动创造美好生活的决心。

我们会更加努力地工作，创造更加幸福的生活！

徐贵相：

接下来，请大家观看两段视频。第一段反映的是阿克苏华孚色纺有限公司员工接受采访的情况；第二段反映的克孜勒苏柯尔克孜自治州乌恰县的帕夏古丽到广东就业的情况。

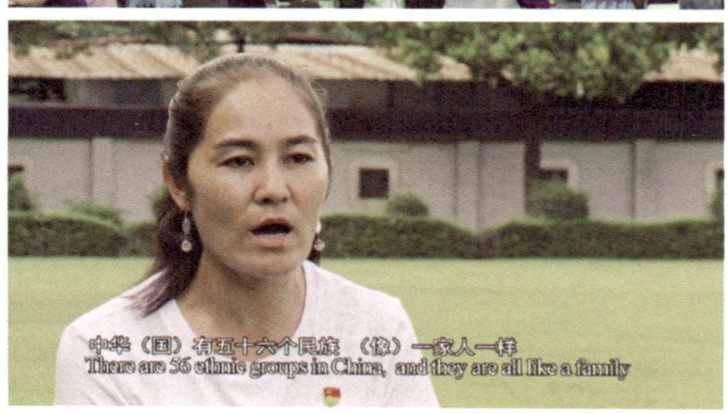

徐贵相：

谢谢大家收看。以上是我们今天想跟大家介绍的有关内容，接下来请毕海波参赞继续主持。

主持人：

下面我们进行媒体提问环节。首先请《环球时报》记者提问。

## 问

环球时报：

主持人好！我有一个问题。刚才我看到两个视频，尤其后面这个视频里少数民族员工帕夏古丽到内地来务工。现在外媒有一些讨论说，这些少数民族员工是被强行送到内地的，并且她们还要接受一些政治审查，在内地期间也会受到一定的监视，请问事实是这样吗？

## 答

徐贵相：

这个问题请热合满江·达吾提来回答。

热合满江·达吾提：

刚才提到的是转移就业问题。大家知道我在前面介绍的时候就有转移就业方面的内容。就业是解决贫困最有效的途径，一个人就业往往带动全家脱贫，因此有了口号“一人就业，全家脱贫”，有了稳定收入就解决了脱贫问题。

为了打赢脱贫攻坚战，我们实施就业优先政策。我介绍了我们就业方面的措施——不断扩大就业规模，帮扶各族群众脱贫增收。在这方面我们用了一个方法，叫“转移就业扶持”，这是一项重要的脱贫攻坚的有效举措。转移就业既有在疆内的，也有跨省的。首先有自愿的原因，觉得那里挣钱多。他在原来的地方干自己原先的一些活不一定有那么好的收入，他觉得出来以后收入好，有的就从南疆到北疆就业，也有部分从北疆到南疆的，各种情况都有。

刚才看到的这段视频，乌恰县的帕夏古丽是从我们最西部这个县到广东去就业的。她们为什么这么做呢？主要原因很简单。贫困群众有需求，但因为语言沟通不便，很多人想出来但有语言上的障碍。在自身进步方面，群众有迫切需要。很多新疆贫困群众没有出来过，很想到内地这些发达省市去看一看，走一走，开开眼界，学习技能。再一个关键问题是挣钱。出来以后，他们的收入明显高于在当地或者是在疆内的收入。外出就业者普遍有这两种心理。

第二，援疆省市，大家更了解更熟悉，会提供更多岗位信息。那个地方有这样的企业，有这样的活，刚才提到了鞋帽，还有电子、服装。很多企业我也去看过，看过他们的生活状况。广东惠州有一个电子组装厂，开始是父亲想让儿子去，父亲去看他的孩子，去了以后把其他孩子也带去了，最后把儿媳妇都带去了惠州，一家子在那个企业干。他在那儿干上几个月就比在家里干一年的收入高，不然不至于全家都过去。这是因为挣钱多。他需要这样的劳动，因为这都属于劳动密集型，不需要很高技术含量。到那里，师父带徒弟，语言一学会马上操作，岗位上容易学。学习了技术，学习了语言，开阔了眼界，挣到了钱，核心是致富了，这确实是有效的。这些事情帮助我们解决了脱贫致富问题，又促进了技能、技术、文化的提高以及各民族的交流交往，我觉得起到了很好的作用。

这个方面我们所做的这些工作，用一句话讲，就是我们把新疆贫困群众的需求和内地岗位进行了有效对接。这是当地政府给大家介绍的。在当地政府的引导之下，公共就业服务机构提供岗位需求方面的信息，求职人员就去报名，我可以做鞋帽、电子，我愿意报哪个岗位，政府就组织这些人过去工作。这些方面从我们的角度来讲是提供信息，用什么样的工人，需要什么样的人，则是用工单位的事。服务机构传递的内地省区的规律性需求，挺受欢迎的。我们也加大了这方面的培训，在基层为农民做这方面的工作，现在看，成效很好，脱贫上发挥了作用。这些人员出去以后，有的又回来在当地企业成了骨干、技术人员。为什么这些人愿意去呢？我们提供信息，还有出去的这些人在那些企业干了以后，回来讲那里怎么样好，干一个月挣多少钱，回来以后房子情况变了，精神状态变了，这样你带我，我带你，就一起出去了。政府提供信息，县里有相关的服务机构把这些信息转给贫困群众，确实是作用很好。贫困群众确实是挣到钱了，学了技术，学了新的文化。我就介绍这些。

徐贵相：

刚才，热合满江·达吾提厅长从他工作的角度介绍了关于到内地转移就业这项工作的组织和开展的情况。

还有很多新疆的少数民族群众，特别是南疆地区的少数民族群众，有到内地一些地方去就业、务工方面的强烈愿望，并且去了之后在当地各方面做得非常好。刚才帕夏古丽那段视频里讲了一句话，她说“我们中华民族56个民族是一个大家庭，那就是一家人”，听了我很感动。我过去也做过一些调研，曾经到过河南南阳市镇平县的石佛寺镇。这个地方有很多新疆籍群众，主要是和田地区维吾尔族群众在这儿做玉石生意，规模非常大。我在调研过程当中接触到一位20多岁的年轻老板，我问他：“你从和田到河南来，适应不适应？”他说：“我在这儿过得非常好，当地人对我也非常好。当地政府也给我们提供了很多周到细致的服务，小孩上学、住宿等等都非常好。”他说的一句话到现在我还记得，他说：“有时候我从石佛寺镇到其他地方去做生意，过了几天以后就想回到这个石佛寺镇，有一种回家的愿望。”我听了以后挺感动的。确实， 这就是因为中华民族是一个大家庭，在中国任何一个地方都是一个大家庭，在哪儿就业都是一样的，包括享受的政策、法律的保护。这就是一个大家庭。我认为这些都是无可指责的。

最近，我们不断向大家介绍这方面情况，我相信国际社会对新疆劳动就业状况、各族群众劳动就业状况，包括到中国其他省份劳动就业状况会看得越来越清楚。在新疆，以及在全中国其他省份，哪里有什么“强迫劳动”？所以越来越多人看到了，这完全就是西方反华势力做的一张牌，完全是虚构出来的伪命题。

在大量事实面前，我们也看到他们还在一意孤行、编造谎言。他们的目的也很清楚， 就是要挑拨新疆的民族关系，把新疆再拉回到动荡不安的状态。他们的用心是非常险恶的，这是他们严重违背事实、执意坚持造谣的根本目的。

反过来看，美国等西方国家做得又怎么样？我昨天看了一部专题片，希望大家有时间去网上看一看。它不是最新的片子，也有一段时间了，叫《美国，我们的故事》，应该是美国一家公司拍的，我看了以后感到非常触目惊心。这部片子上来就讲，当时美国开发西部，要修一条从东部到西部的铁路，因为路途遥远，自然条件很艰辛，就雇用了大量华工。其中有一项工程要炸开一段山路，要修建隧道，他们就明确提出要让中国人去干。当时使用的化学炸药还是非常危险的，必须小心翼翼操作，结果操作时发生爆炸，大量的中国劳工跑的速度跟不上炸药的速度，大量的中国劳工就被炸死了，他们也就长眠在了北美大陆上。

像这样血迹斑斑的历史，你随便翻翻美国的历史书，到处可见。18世纪开始，美国随着南方种植业的发展，从非洲等地贩运了大量的黑奴，强迫他们摘棉花。这个过程当中，很多人死在了那里。美国自己发布的年度人口报告也承认，美国存在着“强迫劳动”、强迫卖淫、债务奴役等等这样的一些严峻的问题。美国是人口贩运的来源国、目的国、中转国，甚至美国的官员也参与了贩运人口和“强迫劳动”。

对这样的一些恶劣的事实为什么视而不见？所以，我认为，美西方反华势力把矛头对准新疆，忽略或者是根本不顾及新疆的事实，一味地进行诬蔑攻击，而对自己的问题视而不见，这是非常恶劣的行径，也是非常没有道义的。我们对美西方捏造新疆存在“强迫劳动”这样的一些行为予以强烈谴责，并将继续进行严厉回击！谢谢你的提问，谢谢大家。

**主持人：**

接下来我们继续提问。

## 问

**彭博社：**

感谢徐部长，感谢您的分享。我们有的朋友对转移就业非常感兴趣。你说我们有的劳动者去其他省份工作生活，还鼓励家人朋友一起去广东这样的省份工作，那他们是永久地搬过去了吗？

## 答

**徐贵相：**

这个问题请热合满江·达吾提先生介绍下情况。

**热合满江·达吾提：**

从我们政府的角度来讲，他在哪里工作是他的事。刚才我讲过，政府在这些方面给他提供信息，得到信息以后他就要到当地人才服务机构去报名——这个活我想干，我可以干。相对集中以后，务工人员就根据我们提供的情况与对方对接去工作。

刚才讲的带着家人和周边的亲戚朋友去外地务工的人员，他可以在那个地方长期这么干，也可以不干。他跟企业之间签订劳动合同，节假日内享受探亲假，有时候回去挣一些钱就想就近在当地干。有这样回去的，也有来了以后还回去的。我们从未说你必须在那儿干，或者你必须去多长时间不能回来，我们没有这方面的规定。他自己愿意在那个地方干，我们就给他创造条件和环境帮助他多挣钱、长知识。我就介绍这些。

**主持人：**

接下来，请《人民日报》记者提问。

## 问

**人民日报：**

在京举办的第九场涉疆问题新闻发布会对所谓的“维吾尔特别法庭”情况进行了介绍。据了解，明天将进行所谓的开庭辩论会。我想问一下，新疆方面对此作何回应？

## 答

**徐贵相：**

这个问题请伊力江·阿那依提先生作介绍。

**伊力江·阿那依提：**

5月25日，我们在北京举办了第九场涉疆问题新闻发布会，就美西方反华势力和“东突”分子拼凑的“维吾尔特别法庭”，以及有可能进行所谓的作证活动进行了揭露，阐明了我们的立场和态度。在座的媒体也对新闻发布会进行了报道。新闻发布会的内容公布以后引起了强烈的反响，很多人表示所谓“维吾尔特别法庭”是非法的、虚假的、荒诞的，是一场表演和闹剧，也是对国际法和国际规则的严重戏弄和挑衅，非常可笑。

很多人表示新疆根本不存在“强迫劳动”问题。有的网友结合自己到新疆的亲身体会说：“我去过新疆，那里根本不存在种族灭绝。”也有网友说：“一些人看新疆人民的日子过得红火了，他们嫉妒。他们看不得新疆人民过好日子。”

在这里，我严正地指出，新疆根本不存在所谓的“种族灭绝”“强迫劳动”。新疆人权保障的事实是清楚的。如果所谓的“维吾尔特别法庭”一意孤行、胡作非为，我们将强烈谴责和坚决反对，并进行严厉回击！

**主持人：**

刚才我和徐部长商量，还有最后一个提问机会，请《南华早报》记者提问。

## 问

**南华早报：**

5月，美国、英国、德国、土耳其等国家都呼吁中国政府，让联合国的人权专员到新疆去访问。我想问一下，新疆政府和他们有任何这方面的交流吗？会在什么样的条件下接受这样的访问？谢谢。

## 答

**徐贵相：**

这个问题我来回答。首先，我们已经在很多场合表达了这样的一些观点和看法：新疆是非常开放的，新疆现在的理念和政策以及取得的成效都是实实在在摆在那个地方，大家都是可以看到的，确实没有什么可隐瞒的，都是非常坦荡的。

近来，大家通过媒体的一些报道也看到了，许多国际组织、国际人士包括驻华使节、媒体，很多人现在正在新疆实地考察、参访，也看到了新疆真实的情况。从我们的角度来讲，非常高兴、非常愿意、非常欢迎大家到新疆去看一看。包括您刚才讲到以及之前咱们提到的欧盟方面人权事务专员等等，我们也通过各种途径多次发出邀请，也作了一些细致周到的安排，我们很期待欧盟方面、人权专员早日到新疆去看一看。

当然，关于这种考察，我们希望他们从客观、公正的立场和角度去看新疆。同样要强调的是，如果搞有罪推定式、侵入式的调查，我们是反对的。就像刚才我们强调的，新疆不存在所谓的种族灭绝问题，也不存在所谓的"强迫劳动"，没什么可调查的，更不需要做有罪推定式的调查。谢谢您的提问。

**主持人：**

谢谢各位媒体朋友。今天的涉疆问题新闻发布会到此结束。

新疆维吾尔自治区涉疆问题新闻发布会
Press Conference on Xinjiang-related Issues
Xinjiang Uygur Autonomous Region
2021 年 6 月 6 日
June 6, 2021
新疆维吾尔自治区涉疆问题新闻发布会
Press Conference on Xinjiang-related Issues
Xinjiang Uygur Autonomous Region
2021 年 6 月 6 日
June 6, 2021

新疆维吾尔自治区涉疆问题新闻发布会
Press Conference on Xinjiang-related Issues
Xinjiang Uygur Autonomous Region
Xinjiang Uygur Autonomous Region
2021 年 6 月 6 日
June 6, 2021

新疆维吾尔自治区涉疆问题新闻发布会
Press Conference on Xinjiang-related Issues
Xinjiang Uygur Autonomous Region

# 新疆维吾尔自治区第 39 场涉疆问题新闻发布会实录

2021 年 6 月 6 日，新疆维吾尔自治区在疆举办专场涉疆问题新闻发布会，邀请了来自喀什地区、和田地区、克孜勒苏柯尔克孜自治州、阿克苏地区、巴音郭楞蒙古自治州、吐鲁番市等地的几位少数民族群众代表分享在政府积极鼓励和政策大力扶持下，成功实现自主创业和勤劳致富的真实经历。

伊力江·阿那依提：

各位媒体记者朋友，大家上午好。欢迎出席新疆维吾尔自治区涉疆问题新闻发布会。

今天，我们很高兴邀请到了喀什地区、和田地区、克孜勒苏柯尔克孜自治州、阿克苏地区、巴音郭楞蒙古自治州、吐鲁番市等地的几位少数民族群众代表。他们是：喀什地区喀什市“古丽的家”民族风情旅游家访户开办人沙拉麦提·卡日、克孜勒苏柯尔克孜自治州乌恰县纯感摄影工作室负责人吐尔地艾力·木尔扎巴依、和田地区和田市直播带货主播阿依古再丽·夏米力、吐鲁番市欧佰电子商务有限公司负责人艾贝都拉·吾木尔、阿克苏地区库车市阿迪来服饰公司创始人阿迪来·阿布来提、克孜勒苏柯尔克孜自治州阿克陶县美容美发店店主祖丽皮亚·买合木提、巴音郭楞蒙古自治州博湖县乐器网店店主艾买尔江·艾在孜。另外，我们还邀请到了新疆维吾尔自治区外事办公室副主任刘炜参加今天的发布会。

接下来，几位少数民族群众代表将给大家分享他们在政府积极鼓励和政策大力扶持下，成功实现自主创业和勤劳致富的真实经历。让我们一起听听他们的劳动故事。

近年来，新疆旅游业得到了很大的发展，带动一大批人实现了创业致富的梦想。今天，我们邀请到的沙拉麦提·卡日就是其中一员。在政府的帮助扶持下，她通过开办“古丽的家”旅游家访户，极大改善了家庭经济状况，也带动身边的人实现了就业。接下来，我们请她讲述自己的创业故事。

沙拉麦提·卡日：

我叫沙拉麦提·卡日，喀什地区喀什市人，在喀什老城开办了“古丽的家”民族风情旅游家访户。

我出生在喀什老城，家就在阿热亚路。印象中童年时期的老城，完全没有现在这么好的公共基础设施，居民的生活很不方便。“污水靠蒸发，垃圾靠风刮，水管墙上挂，解手房顶爬”，这是当年老城真实的写照。2010 年毕业后，我回到了家乡，在喀什老城当上了一名景区讲解员，为游客们介绍家乡的美景美食。喀什老城自 2015 年成功创建国家 5A 级旅游景区以

来，旅游市场发展迅猛，来喀什的游客越来越多。在政府支持下，我在喀什古城率先开办了“古丽的家”旅游家访户。

“古丽的家”位于喀什古城景区阿热亚路940号，是一处具有维吾尔族特色的居民院落，共有三层楼高，建筑面积总计约500平方米。为更好地展现民族风情，我先后投入约50万元资金完善了设施，并提供歌舞表演、民俗体验、餐饮服务、旅游商品销售、摄影摄像等服务项目。现有员工16人，能够同时接待80—100名游客。2020年，受疫情影响，经营遇到困难，政府出台了贴息贷款的好政策，帮助我渡过难关。通过自主创业，我的家庭经济状况有了很大改善，买了楼房，自行车换成了汽车，日子过得幸福快乐。

最近，我在网上看到国外一些别有用心的人说新疆人被“强迫劳动”，这简直是胡说八道！我现在的创业和幸福生活离不开政府的各项好政策。如果没有喀什老城改造和5A级旅游景区成功创建，没有喀什各级政府、老城管委会的政策支持，“古丽的家”不可能顺利创办；如果没有全国各地、各族游客的支持和认同，“古丽的家”也不可能有今天的发展。在未来的经营中，我会努力提高管理水平，更好地服务各地的游客朋友。

**主持人：**

谢谢沙拉麦提·卡日的分享。接下来，我们请克州乌恰县纯感摄影工作室负责人吐尔地艾力·木尔扎巴依，用柯尔克孜语讲述他通过参加专业摄影艺术培训和自主创业，实现自己摄影师梦想的故事。

**吐尔地艾力·木尔扎巴依：**

我叫吐尔地艾力·木尔扎巴依，克州乌恰县人，现在是一家婚礼摄影店店主。

我从小就喜欢摄影，这是我一辈子的梦想。但那时，我家庭条件不好，没有机会从事自己热爱的事情。后来，特别是2018年以来，在村委会帮扶下，我们一家搬进了崭新的农牧民安居房，利用扶贫资金修建了羊圈，扩大了养殖规模。我父母也在村委会的帮助下，在家门口找到了工作，有了稳定的收入。县里开展就业技能培训时，我主动报名参加了专业摄影艺术培训。经过半年的培训及专业实习，我的摄影水平得到了很大的提升。2019 年下半年，在村委会的支持下，我开始自主创业，成立了纯感摄影工作室，实现了自己的人生理想，每天充实而快乐。

最近，我在网上看到美西方反华势力污蔑新疆存在所谓“强迫劳动”，我觉得他们真是太可恶了！我们通过自己的双手，让生活变得更加美好，需要被强迫吗？请他们闭上不负责任的嘴巴。我们自己的生活，我们最有发言权。

### 主持人：

谢谢吐尔地艾力·木尔扎巴依。现在，通过网络平台直播带货成了一种流行的营销模式，一些人通过直播带货，把家乡的特产销售到了全国各地，在自己增收致富的同时，也带动了身边的人。我们现场也邀请到了几位在这个领域取得一定成绩的代表。接下来，我们首先请和田地区和田市的阿依古再丽·夏米力讲述她的故事。

### 阿依古再丽·夏米力：

大家好！我叫阿依古再丽·夏米力，和田地区和田市人，现在是一名直播带货主播。

2018 年，我无意间在网上看别人作直播，感到很有趣，觉得这种形式既能展现自己，又能发展自己的事业，就萌生了做主播的念头。刚开始，我在网上搜索相关知识及新媒体运营技巧，学习了一段时间后，很想在现实生活中实践一番。这时，我在网上看到一家电子商务公司的招聘广告，抱着试一试的想法去应聘，结果成功了。我刚开始做直播的时候有些害羞，应变经验也不足，对网友们提出的问题没办法准确回应。经过师父不厌其烦地教授，加上自己平时观看学习一些全国知名大 V、主播们的直播活动，我慢慢积累了一定的经验，也比以前更加自信了。现在的我，可以大方自如地跟粉丝交流互动了。通过直播，我将和田特色农产品销售到了全国各地，同时让更多的人了解和田、喜欢和田，我感到很有成就感。

2019年8月，我如愿成为公司的培训讲师，掌握了更多直播策略，运用引流、电商、小黄车、拍摄、烘托气氛等技巧越来越娴熟，网民的认可度和关注度越来越高。现在的我，也算是个经验丰富的新媒体运营者了。下一步，我想去其他省市考察化妆品行业，然后成立自己的公司，通过“线上直播销售＋线下实体商品交易”的模式，运用我学到的新媒体技术，自己做主播，销售化妆品，让每一个购买使用我家化妆品的女孩儿都变得美丽自信。

我在网上看到，美西方反华势力说我们维吾尔族被“强迫劳动”，我觉得他们太可笑了，简直是胡说八道！我们为实现自己的梦想努力奋斗，哪里来的强迫？我自己学习新媒体技能，通过直播赚钱，这需要别人逼迫吗？

**主持人：**

谢谢阿依古再丽·夏米力。接下来，我们请吐鲁番市欧佰电子商务有限公司负责人艾贝都拉·吾木尔讲述他从教培中心结业后重获新生的故事。

**艾贝都拉·吾木尔：**

大家好！我叫艾贝都拉·吾木尔，吐鲁番市高昌区葡萄镇人，是一名教培中心结业学员，现在是吐鲁番市欧佰电子商务有限公司负责人。

以前，我认识一些“老板”，他们经常带我参加一些“聚会”，给我发一些暴恐音视频。慢慢地，我受到了影响，不仅自己看，还传给身边的人看。同时，我不让我妹妹去上学，认为政府办的学校不“清真”，不让身边的人与“异教徒”做生意。2018年1月，在家人和社区干部的劝说下，我自愿报名参加了教培中心的学习。教培中心的学习生活条件非常好，老师非常关心我们，吃住都是免费的。在那里，我学习了国家通用语言、法律和去极端化知识，并结合自己的兴趣学习了导游和计算机技能。2019年4月，从教培中心结业后，我根据自己所学的专业和技能，在镇政府帮助下，开设了一家电子商务公司。

2020年，我敏锐地抓住直播带货这一商机，大胆尝试利用新媒体平台销售吐鲁番特产。短短1个月内，我就销售了5万件鲜葡萄、2万件西红柿、2万件哈密瓜，让全国各地群众品尝到了吐鲁番的特色水果。今年以来，我在抖音、快手等新媒体平台上继续加大销售力度，为乡村振兴助力。公司现已销售葡萄干、红枣等新疆特色干果100多吨，销售额突破500万元，为解决农产品销售难问题作出了自己的贡献。现在，公司越做越大，现有合作伙伴15人，创办了多家网店、直播间、乡级快递站、新疆特产体验店等，全网粉丝300多万，带动了25名当地农牧民就业。

最近，我在网上看到美西方一些反华势力诬称“新疆的教培学员被‘强迫劳动’”，我感到非常震惊，感到强烈愤慨！作为教培中心结业学员，我想告诉他们，我们在教培中心从没有被“强迫劳动”。教培中心帮助我们摆脱宗教极端思想控制，学习劳动技能，可以说给了我们“第二次生命”，是我人生的转折点。结业后，政府给我们好政策，为我们提供了很多就业创业机会，让我们过上了好生活，我就是最好的例子。他们不要再胡说八道了。

**主持人：**

谢谢艾贝都拉·吾木尔。下面，我们请阿克苏地区库车市阿迪来服饰公司创始人阿迪来·阿布来提讲述她通过系统学习服装设计知识，申请免息创业贷款，成功开办服装厂的故事。

**阿迪来·阿布来提：**

我叫阿迪来·阿布来提，阿克苏地区库车市人，是库车市阿迪来服饰公司的创始人。

我从小就喜欢给自己的玩具娃娃做漂亮的衣服，慢慢地喜欢上了服装设计；跟妈妈去裁缝店做衣服时，特别羡慕裁缝老师使用缝纫机的姿势，希望自己长大了也能拥有这样的本领，拥有一家属于自己的裁缝店。

2015年，我通过自己

的努力，获得了去北京服装学院设计班求学的机会。在那里，我系统地学习了服装设计的各类课程，用一年的时间完成了三年的学业，并在 2016 年毕业设计比赛中，获得了一等最佳工艺奖和三等荣誉奖。毕业后，我在一家纺织有限公司找到了设计师的工作。业余时间，我设计了一些具有家乡特色的大衣和毛衣，并放在朋友的店里销售，深受大家的喜爱，短短 2 个月时间内，就卖出了 200 多件衣服。

2018 年 5 月，我决定发挥自己的一技之长，开办服装厂，实现我儿时的梦想。刚开始，因为没有合适的场地、熟练的工人和启动资金，我就找到当地政府，跟他们说了一下我的创业想法。让我没有想到的是，我的创业计划得到了政府大力支持，政府专门为我申请了 10 万元免息创业贷款，还为我免费提供一年的场地使用和 47 台缝纫机。这让我更加坚定了办好服装厂的信心和决心。现在，我的服装厂有 50 名员工，每人月收入达到 3500 元左右，工厂效益很好。

近来，我听说国外一些人称新疆存在“强迫劳动”，这让我们这些土生土长的新疆人觉得既愤怒又可笑。鞋子合不合脚，只有穿过的人才知道。我想大声说，劳动是快乐的，根本不需要强迫，你们要想知道真实情况，那就到我们这里来看看吧！

主持人：

谢谢阿迪来·阿布来提。接下来，我们请克州阿克陶县美容美发店店主祖丽皮亚·买合木提用维吾尔语讲述她在政府政策支持下从一名普通的家庭妇女华丽转身，变为成功创业者的故事。

祖丽皮亚·买合木提：

我叫祖丽皮亚·买合木提，克州阿克陶县人，是阿克陶县一家美容美发店的老板，主要从事化妆品销售、美容美发等工作。

我高中毕业后，看到政府对自主创业的相关帮扶政策，就在阿克陶县开设了两家美容美发沙龙。从申请开设公司的一站式服务，到疫情期间的“六保”政策，政府对我们自主创业者和小微企业真正做到了关心关爱。饮水思源，作为一名充分享受到国家帮扶政策好处的创业者，我也想帮助更多的人创业就业，就主动联系到阿克陶县职业高中美容美发专业的毕业学生，为他们提供实习和就业的机会。如今，我的公司已经有30多名员工。我常常告诉他们，我就是从南疆的一个小乡村走出来的普通人，通过学习知识与技能，一步步提高充实自己，从而改变了自己的命运。我的员工们都很勤奋，就像当时的我一样，大家都坚信在这么好的环境下，只要自身肯努力奋进，就一定可以通过自己的双手，过上更加幸福美好的日子。

现在的我，生意越做越大，也有了一个幸福美满的家庭。我深深地感谢政府给我们这些创业者提供支持，帮助我实现了从一名普通的家庭妇女到创业者的华丽转身，我为生活在这样一个美丽和谐的国家感到骄傲和自豪。

近日，美西方反华势力编造新疆存在所谓"强迫劳动"谎言，然而明眼人都知道，这纯属胡编乱造，毫无事实依据。就拿我自己来说，我两家美容美发店的员工，都是通过社会招聘进来的，都是自主择业，与公司签订劳动合同，每月按时足额拿到劳动报酬。不仅如此，我的美容美发店还帮助许多毕业学生找到了实习和就业的岗位。我想问问这些造谣的人，你们哪只眼睛看到新疆存在"强迫劳动"了？我们维吾尔族有句谚语：撒谎的人很无耻，造谣的人很卑鄙。你们真的无耻又卑鄙。

主持人：

谢谢祖丽皮亚·买合木提。下面，我们请巴州博湖县乐器网店店主艾买尔江·艾在孜讲述他在政府帮扶下开办都塔尔合作社，保护、传承、发展民族乐器，让更多人认识了解都塔尔的故事。

艾买尔江·艾在孜：

大家好！我叫艾买尔江·艾在孜，巴州博湖县人，是一名网络主播，主要售卖都塔尔、弹拨尔、热瓦普等民族乐器。

我是农民家庭出身，从小就喜欢民族乐器，但那时生活条件不是很好，没有钱去学手艺，就帮助家里干农活、打零工。2010年，我和妻子结婚后，跟随岳父学习制作都塔尔的手艺，学了整整7年。2017年，在家人的支持和帮助下，我开始了自己的创业路，在家中尝试着制作都塔尔。通过不断研究与摸索，我终于制作出了一系列精美的都塔尔。那时，我每天都开着车去各个县城销售，

因市场很小，生意不好。

后来，家人建议我通过直播销售，将民族乐器宣传推介出去。在他们的帮助下，我注册了快手、抖音账号，每天发布作品，并直播弹奏都塔尔，没想到，引起了很多网民的关注。为吸引更多粉丝，我尝试着将都塔尔的制作过程发布出来，将选材、切割、打磨、烘烤、上漆、黏合等 20 多道工序通过直播一一进行展示。短短几个月时间，关注我的粉丝就涨到 12 万，来自全国各地的订单也多了起来。我做的都塔尔价位从 500 元到 3500 元不等，现在一个月能收入两三万元。随着生意越来越好，我把我的家人们也邀请到了制作都塔尔的队伍中。印象最深的一次是，我和家人们做了 100 把都塔尔，却收到了近 200 把都塔尔的订单，我们就加班加点地制作，虽然很辛苦，心里却是兴奋极了。

在政府的帮扶下，我又把自家的空地整理出来，建成了一个占地 200 平方米的都塔尔合作社。现在，来博湖县旅游的人越来越多，他们都到我的合作社参观、购买，生意越来越好，每个月收入都是好几万元。我希望今后可以带着更多热爱民族乐器的年轻人学习这个手艺，把这项手艺传承下去。

近期，我在刷抖音、快手的时候，看到美西方反华势力说新疆存在所谓“强迫劳动”，非常生气。我们自主创业赚钱养家，是为了让自己的生活过得更好。没有人强迫我们，也不需要谁来强迫我们，因为幸福生活是靠我们自己奋斗出来的！

**主持人：**

谢谢艾买尔江·艾在孜的介绍，感谢他给我们弹奏了动听的《花儿为什么这样红》。再次感谢以上 7 位群众代表的介绍。其实，新疆还有许多群众，在政府的支持下，通过自己的辛勤劳动实现了劳动致富。为此，我们给大家准备了一段视频，它反映了喀什、和田、阿克苏等地少数民族群众的劳动故事。下面，我们一起来看一看。

主持人：

再次感谢各位的分享。劳动改变生活，劳动创造幸福。最后，祝各位在各自的领域通过自己的辛勤劳动，实现梦想，过上更加美好幸福的生活。

今天的新闻发布会到此结束，谢谢大家！

新疆维吾尔自治区涉疆问题
Press Conference on Xinjiang-
Xinjiang Uygur Autonomous R
2021年6月9日
June 9, 2021
姑丽娜尔·吾甫力
Gulnar Obul
徐贵相
Xu Guixiang

徐贵相
Xu Guixiang

伊力江·阿那依提
Elijan Anayat

Gulnar Obu

发言人
Speaker

发言人
Speaker

发言人
Speaker

# 新疆维吾尔自治区第 40 场涉疆问题新闻发布会实录

2021 年 6 月 9 日，新疆维吾尔自治区召开专题涉疆问题新闻发布会，针对所谓的“维吾尔特别法庭”问题，进一步揭穿这个伪法庭的罪恶目的，进一步揭露这些所谓“证人”的拙劣表演，让国际社会进一步认清这个伪法庭的虚伪性和荒诞性。

徐贵相：

各位媒体记者朋友，大家上午好。欢迎出席新疆维吾尔自治区涉疆问题新闻发布会。今天的发布会是专题性的，主要是针对所谓的“维吾尔特别法庭”问题。

5 月 25 日，我们在北京已经举行了一次专场发布会。这两天大家也注意到了，这个所谓的“维吾尔特别法庭”举行了所谓的“听证会”，笼络了一批“演员”，上演了一出出拙劣的表演，所以有必要进一步揭露有关“演员”的嘴脸，进一步揭露所谓“维吾尔特别法庭”的丑陋行径。

首先，我来介绍出席今天新闻发布会的人员，他们是新疆维吾尔自治区人民政府新闻发言人伊力江·阿那依提，新疆维吾尔自治区科协副主席姑丽娜尔·吾甫力，新疆大学法学院副院长艾尔肯·沙木沙克，伊犁州昭苏县公安局经侦大队大队长闫斐斐，伊犁州昭苏县察汗乌苏乡中心幼儿园教师苏仑果，图尔逊娜依·孜尧登的弟弟帕孜力·孜尧登，图尔逊娜依·孜尧登的邻居塔吉古力·阿布拉江，夏木西努尔·吾普尔的妹妹麦尔哈巴·阿卜杜吾普尔，早木热·达吾提的五哥阿不都黑力·达吾提，乌鲁木齐市妇幼保健院医生王娟，米日古丽·图尔荪的弟弟艾克拜尔·吐尔逊，麦合木提·太外库力的妻子艾比拜木·依米提。请他们就有关问题回答大家的提问。

另外，我们很高兴邀请到了几家外媒驻京记者，他们将会以视频连线的方式和各位进行互动交流。下面，我来简单介绍一下举办本场新闻发布会的有关考虑。

近来，由美西方反华势力和“世维会”等“东突”组织合谋成立的所谓“维吾尔特别法庭”，不顾新疆各族人民的强烈反对和国际社会的严重质疑，于 6 月 4 日开庭“听证”，邀请了一批反华分子和所谓的“专家学者”“出庭作证”，妄图证明根本不存在的涉疆“种族灭绝”问题。一个非法的法庭对一个世纪谎言进行“听证”，完全是一场拿法律当儿戏的表演而已，无耻至极。

在北京专门举办的涉疆问题新闻发布会从法理角度揭露了这个“维吾尔特别法庭”的非法性，用大量证据曝光了 14 个所谓“证人”的违法劣迹，反复强调美西方反华势力和境外“东突”势力相勾结，搞这个荒诞的所谓“法庭”，既不合法，更不可信，只是少数人炮制的又一场反华闹剧，目的就是将新疆的教培工作和“种族灭绝”相挂钩，给新疆扣上所谓“种族灭绝”的帽子。我们今天召开涉疆问题新闻发布会，就是要进一步揭穿这个伪法庭的罪恶目的，进一步揭露这些所谓“证人”的拙劣表演，让国际社会进一步认清这个伪法庭的虚伪性和荒诞性。

主持人：

现在，请记者朋友举手提问。首先，请中国日报记者提问。

问

中国日报：

谢谢主持人。我是中国日报记者。您刚才提到，“维吾尔特别法庭”是“一个非法的法庭”。那么这个所谓的“法庭”隶属于国际司法体系吗？这到底是一个什么样的机构？谢谢。

主持人：

专业的问题我们还是请专业人士来解答，请新疆大学法学院副院长艾尔肯·沙木沙克来回答你的问题。

答

艾尔肯·沙木沙克：

感谢记者朋友的提问。我从法学专业角度来阐释一下这个所谓的“维吾尔特别法庭”的非法性。首先，这个所谓的“维吾尔特别法庭”并不是法庭。从所谓的“开庭”“听证”等行径上看，有些人会误认为这个所谓的“维吾尔特别法庭”是一个国际司法机构，但只要是对国际司法体系稍有所了解的人都会知道，这就是个没有任何国际地位和司法职能的伪法庭，它的设立根本没有任何依据。

从国际司法角度看，一个合法的国际司法机构设立需要严格的法律依据。根据《防止及惩治灭绝种族罪公约》、国际法、国际习惯法和相关案例，灭

绝种族罪作为最严重的国际罪行，其认定需要经过权威、严格的法律程序。自《防止及惩治灭绝种族罪公约》诞生以来，主要的灭绝种族案例大多是由依据公约或规约成立的国际法院或联合国安理会授权成立的特别法庭来进行认定的。而“维吾尔特别法庭”不过是个别别有用心的人自己创立的违法组织，毫无严肃性和权威性。根据公约规定，灭绝种族罪案件要么由行为发生地国家的主管法院管辖，要么由缔约国接受其管辖权的国际刑事法庭审理。个别国家法院也审理过发生在本国境内的灭绝种族案件。除此以外，任何国家、组织或个人都没有资格和权力随意认定别国犯有灭绝种族罪。“维吾尔特别法庭”作为一个由西方反华政客、律师与“世维会”合谋成立的违法组织，根本无权搞什么“听证会”，更遑论妄图对一项极其严重的国际罪行进行指控认定。

从民间组织角度看，该“维吾尔特别法庭”亦属违法。根据英国法律规定，相关法庭的设立、运行受英国《2011 年慈善法》管辖。“维吾尔特别法庭”宣称针对中国政府对维吾尔族人“持续的暴行和可能的种族灭绝”进行调查，其设立看似符合该法所称的所谓“慈善”目的，貌似合法组织，但其目的的真实性不被认同，也不具备合法组织所应有的章程和托管理事会。因此“维吾尔特别法庭”亦不符合英国《2011 年慈善法》所规定的“慈善”组织的注册要件，且没有获得该法要求的“慈善”组织所应得到的政府资金支持，可以确定它绝不是得到英国法律承认的组织。

事实已经非常清楚，这个“维吾尔特别法庭”其实跟法律没有任何关系，本身就是一个笑话，只是盗用了“法庭”的名号，作出的任何“判决”“裁定”都是废纸一张。

**主持人：**

谢谢艾尔肯·沙木沙克教授的解答。接下来，请新疆日报记者提问。

## 问

**新疆日报：**

谢谢主持人。我是新疆日报记者。如果说这个“维吾尔特别法庭”既没有国际法地位，判决也没有任何法律效力，那么他们设立“法庭”的目的究竟是什么？谢谢。

**主持人：**

这个问题，请伊力江·阿那依提先生回答。

## 答

**伊力江·阿那依提：**

正如前面所说，“维吾尔特别法庭”根本不是大家所理解的合法的“司法机构”或“司法程序”，不过是别有用心的人自己拼凑出来的伪法庭，毫无严肃性和权威性。这个伪法庭带着“有罪推定”的立场，无耻地对一个世纪谎言进行“听证”，这完全是对国际法秩序的严重践踏，是对“种族灭绝”真正受害者的严重亵渎，更是对新疆2500万各族群众的严重挑衅。这样一群人进行的所谓“听证”，没有证据就去信口开河，没有罪名就去恶意栽赃，没有证人就找演员表演。这样一群人炮制的所谓“审判”，不过是丑化新疆的滑稽表演、“以疆制华”的拙劣闹剧，只会让世人更加认清涉疆谎言谣言的卑劣。

主持人：

谢谢伊力江·阿那依提先生。下面，请中国新闻社记者提问。

问

中国新闻社：

主持人好！我是中国新闻社记者。请问这个所谓的“维吾尔特别法庭”到底有什么背景？谢谢。

主持人：

这个问题，请姑丽娜尔·吾甫力主席回答。

答

姑丽娜尔·吾甫力：

据了解，“维吾尔特别法庭”在英国是以私人担保有限公司的形式成立的。私人担保有限公司在英国一般来讲适用于社团、慈善机构等。也就是说，这完全是一个民间自发团体，是不折不扣的伪法庭。

这个伪法庭背后的直接金主是“世维会”。为实现“东突独立”的目的，近年来，“世维会”一直在加紧与“东突”恐怖组织“东伊运”等勾连，谋划暴

恐分裂活动。2009年，新疆“7·5”严重打砸抢烧暴恐事件就是这个组织幕后煽动、策划的。他们还不断与反华政要勾结、与西方媒体“合作”，提供所谓涉疆“内幕”材料，大肆攻击抹黑新疆。最近，“世维会”又资助23.5万英镑，搞这个所谓“维吾尔特别法庭”，就是妄图用假证人、假学者、假信息、假视频、假照片，盗用法律的名义，干扰破坏新疆稳定发展大局。这样一个不伦不类的“法庭”，一个恐怖组织控制的组织，对新疆污蔑诽谤，新疆各族人民决不认同、决不答应！

主持人：

谢谢。接下来请新华社记者提问。

问

新华社：

谢谢主持人。我是新华社记者。请问这个所谓的“维吾尔特别法庭”到底出示了哪些“证据”？这些“证据”是真的吗？谢谢。

主持人：

这个问题请伊力江·阿那依提先生安排有关人员回答。

答

伊力江·阿那依提：

“维吾尔特别法庭”为拼凑这一抹黑新疆的“伪法庭”，找来了一些“证人”作证。此前，我们对这些“证人”及其所谓“证词”已经进行了揭露。为了让大家进一步看清他们的真面目，今天，我们又请来部分“证人”的亲属、同事和办案民警等，向大家介绍一下真实情况。

首先，请伊犁州昭苏县公安局经侦大队大队长闫斐斐介绍“伪证者”沙依拉古丽·沙吾提巴依的有关情况。

闫斐斐：

我是伊犁州昭苏县公安局经侦大队大队长闫斐斐，是沙依拉古丽·沙吾提巴依案件的办案民警。

沙依拉古丽·沙吾提巴依说，她曾在教培中心任教，之后改口称自己被关押在“集中营”。事实上，沙依拉古丽·沙吾提巴依从未在教培中心任教，也从未在教培中心学习过。她满嘴谎言、胡说八道，还涉嫌偷越国（边）境罪、贷款诈骗罪。

一是沙依拉古丽·沙吾提巴依涉嫌偷越国（边）境罪。2018 年 4 月 5 日，她非法越境至哈萨克斯坦境内，其行为已涉嫌偷越国（边）境罪。

二是沙依拉古丽·沙吾提巴依涉嫌贷款诈骗罪。2015 年 6 月 23 日，她向昭苏县农村信用合作联社察汗乌苏乡信用社以购房为由贷款，欺骗察汗乌苏乡中心小学教师库来夏·木尔萨力为其担保贷款 8 万元，还款期限为 10 年，实际到农村信用社签订担保合同时金额改为 20 万元，贷款合同中的共同担保人赛山别克·达吾列提（库来夏·木尔萨力的丈夫）签名系伪造，共同债务人吾瓦力·斯拉木（沙依拉古丽·沙吾提巴依的丈夫）签名系伪造，贷款所需提供的单位证明系变造。2016 年 11 月 30 日，她向昭苏县农村信用合作联社察汗乌苏乡信用社以购房为由贷款 27 万元人民币，骗取察汗乌苏乡中心小学教师巴特蒙克·白夏的信任为其担保贷款，还款期限为 10 年，贷款过程中沙依拉古丽·沙吾提巴依向信用社提供的购房合同是虚假合同。以上两笔贷款资金共计 47 万元人民币，均分批次转至境外其丈夫吾瓦力·斯拉木账户内，至目前仍有 39.8 万元人民币贷款未偿还。沙依拉古丽·沙吾提巴依于 2018 年 4 月 5 日逃往境外，事实证明其无还款意愿，涉嫌贷款诈骗罪。

伊力江·阿那依提：

我们继续请伊犁州昭苏县察汗乌苏乡中心幼儿园教师苏仓果介绍沙依拉古丽·沙吾提巴依的有关情况。

苏仑果：

我叫苏仑果。沙依拉古丽·沙吾提巴依以前是昭苏县察汗乌苏乡中心幼儿园的园长，我是这个幼儿园的老师。

沙依拉古丽·沙吾提巴依品行特别坏，天天说谎话。她当园长时，利用职务便利骗取绩效奖金、侵害教师利益，还经常欺压同事。最可恨的是，她还虐待儿童。有的孩子的父母是开商店的，她就专门去那家商店买东西不给钱，或者直接索要东西。如果哪个孩子的家长不给她，她就不让孩子吃饭，不让孩子上厕所，让孩子尿在裤子里，甚至还打孩子，一些被她虐待的孩子连学都不敢上。家长们没办法，只有给她送礼，或者告到教育局。她被教育局免职后，家长和同事们都拍手叫好。像她这样的人，说出来的话一句都不能信。

伊力江·阿那依提：

下面，请图尔逊娜依·孜尧登的弟弟帕孜力·孜尧登介绍"伪证者"图尔逊娜依·孜尧登的有关情况。

帕孜力·孜尧登：

我叫帕孜力·孜尧登，是图尔逊娜依·孜尧登的弟弟。

我姐姐说，她被迫接受了绝育手术，这完全不符合事实。我姐姐2002年结婚了，2005年离婚了，2008年再一次结婚了，2011年去了哈萨克斯坦生活了五年，2016年回国，2018年又去了哈萨克斯坦，现在都没有回来。这么多

年她没有生过孩子，没有生育能力，也没有被强迫做过绝育手术，她出去说的话都是假的。

伊力江·阿那依提：

下面，我们继续请图尔逊娜依·孜尧登的邻居塔吉古力·阿布拉江介绍图尔逊娜依·孜尧登的有关情况。

塔吉古力·阿布拉江：

我叫塔吉古力·阿布拉江，图尔逊娜依·孜尧登是我以前的邻居。我太了解她了，这个人只会撒谎。

2005 年 3 月，我当时怀孕两个月了。有一天，图尔逊娜依·孜尧登到我家来，带我去后院，然后她从口袋里掏出一个空瓶子，让我去厕所把尿液装在瓶子里。我当时很害怕，我问她要这个尿液干什么，她说她要用，还请求我不要告诉任何人。

后来我知道，因为她没有生育能力，导致家庭关系不和，于是想借我的尿液验孕，谎称自己怀孕。不久，她的谎言就被他当时的丈夫吐尔逊江·阿合买提江识破了，他们俩也因此离婚了。大家想一想，图尔逊娜依·孜尧登根本就没有生育能力，怎么可能被强迫做绝育手术呢？怎么可能会有人相信她说的话？

伊力江·阿那依提：

下面，请夏木西努尔·吾普尔的妹妹麦尔哈巴·阿卜杜吾普尔介绍“伪证者”夏木西努尔·吾普尔的有关情况。

麦尔哈巴·阿卜杜吾普尔：

我是麦尔哈巴·阿卜杜吾普尔。我姐姐夏木西努尔·吾普尔在外面说新疆对生育三胎及以上的女性摘除子宫，我听到这么荒唐的言论非常生气。作为一名医护人员，我从来没有见到过、也没有听说过这种事。我们父母生下了我们兄弟姐妹8个孩子，我也生了3个孩子，过得都很幸福。她编的这些故事根本不可能在新疆发生。

伊力江·阿那依提：

下面，请早木热·达吾提的五哥阿不都黑力·达吾提介绍“伪证者”早木热·达吾提的有关情况。

阿不都黑力·达吾提：

我是早木热·达吾提的五哥阿不都黑力·达吾提。早木热在新疆的时候，我们经常在一起，我可以证明，她从来没有去过教培中心。

早木热说，父亲因受到警方多次审讯而死亡。我听到这话特别生气。事实上，我们的父亲从未被拘押，也没有接受过“调查”，一直和我们在一起生活。父亲去世是因为冠状动脉性心脏病。

伊力江·阿那依提：

下面，请乌鲁木齐市妇幼保健院产科副主任医师王娟介绍早木热·达吾提的有关情况。

王娟：

我是早木热·达吾提的主治医师、乌鲁木齐市妇幼保健院产科副主任医师王娟。早木热在国外称，她“被强制接受绝育手术”“被摘除子宫”。实际上，早木热·达吾提在我院生第三个孩子时，自己在《分娩志愿同意书》上签字，表示要求剖宫产、要结扎。随后，我们根据她的要求，为她做了剖宫产、结扎手术。根本不存在摘除子宫的事。这是她亲笔签字的同意书（现场展示）。她可以去任何一家医院做个 B 超。谎言终究是谎言!

伊力江 · 阿那依提:

下面，请米日古丽 · 图尔荪的弟弟艾克拜尔 · 吐尔逊介绍“伪证者”米日古丽 · 图尔荪的有关情况。

艾克拜尔 · 吐尔逊:

我是米日古丽 · 图尔荪的弟弟艾克拜尔 · 吐尔逊。我姐姐说，她在教培中心遭到虐待。事实上，她根本没有去过教培中心。我们全家人也没有去过教培中心，一直生活得好好的。她还说，从教培中心回去后，她的儿子木俄子在医院死了。这更是胡说八道。我知道，外甥木俄子看过三次病，分别是 2016 年 1 月 14 日至 19 日、5 月 6 日至 12 日、11 月 4 日至 8 日，当时是米日古丽 · 图尔荪和我母亲一起送到乌鲁木齐儿童医院住院治疗的。病好后，米日古丽 · 图尔荪和她的丈夫带着木俄子出国了。最可恨的是，她还说我在教培中心被虐待致死。听到这个谎言后，我很生气。世界上哪有这样的姐姐，为了在美国骗钱、骗绿卡，竟然拿自己弟弟的生死来造谣!

伊力江 · 阿那依提:

下面，请麦合木提 · 太外库力的妻子艾比拜木 · 依米提介绍“伪证者”麦合木提 · 太外库力的有关情况。

艾比拜木 · 依米提:

我叫艾比拜木 · 依米提，是麦合木提 · 太外库力的妻子，有三个孩子。

我听说，麦合木提 · 太外库力在境外说他在监狱里遭受酷刑和折磨。出境前，我天天和他在一起生活，他从来没有在监狱服刑过。

我长女再努尔 · 麦合木提曾得过白血病，2012 年 8 月，我带她去乌鲁木齐治疗。

当时，我在乌鲁木齐一边开商店，一边给孩子治病。但麦合木提·太外库力一点也不心疼女儿，更不顾家庭。有一天，他突然不见了。后来我才知道，他跑到境外参加了恐怖组织。

麦合木提·太外库力跑到境外后，我跟三个孩子生活上遇到很多困难，是政府帮助了我们，我享受了很多好的政策，现在生活越来越好。麦合木提·太外库力，你无情地抛弃了年迈的父母，抛弃了我和三个孩子，就是个没有人性的畜生！

主持人：

谢谢各位的回答。我们现场的记者朋友们都进行了提问，接下来还有一些时间，我们请在北京的外媒记者通过视频连线方式进行提问，就有关问题进行交流。

问

英国独立电视台：

你刚才说了“维吾尔特别法庭”，今天你们也邀请了一些亲属、同事，指控了那些“证人”“证词”。你们说英国的“证人”“证词”不真实，那我们应该相信哪一方呢？

答

徐贵相：

这个问题由我来回答。今天我们现场请到了一些在所谓“维吾尔特别法庭”上作证的人员的亲属和有关方面人士，这些人都跟所谓的“证人”有密切关系，有的长期生活在一起，有的是我们政府部门的办案人员。这些亲属跟他们在一起，对他们的品性，对他们的行为是最了解的，我们的政府部门的有关人士所提供的这些证据和材料应该是最权威的。我认为，在事实面前，在真相面前，大家都能够作出判断和选择。到底是谁在说谎，到底是谁在欺骗世人的认知，我相信大家都能够看得出来，作出正确的判断。

这个所谓的“维吾尔特别法庭”中，既包括大家熟悉的澳大利亚战略政策研究所、郑国恩等长期散布涉疆谎言的机构、人员，也包括编造各种根本不存在的所谓“迫害事件”的“演员”。应该说，这完全是美西方反华势力和境外“东突”势力相勾结演出的一场闹剧。虽然他们搞了所谓的“听证”活动，但有请各位媒体记者到网上看一看，有多少人关注他们，有多少人响应他们，有多少人相信他们的鬼话？他们完全是在那自编自演一场令人作呕的政治操弄。

这些年，新疆的繁荣稳定，让美西方反华势力、境外“东突”势力坐卧不宁、寝食难安，他们按捺不住焦虑和狂躁，采取一切办法，操纵一些所谓的智库、媒体，炮制了大量涉疆谣言和虚假信息，在国际社会混淆视听。他们这么做，就是想通过编造谎言，扰乱新疆，让新疆重新回到暴恐活动多发频发的局面，从而达到“以疆制华”的目的。新疆的发展进步，新疆各族群众追求美好生活的坚强意志，是任何反华势力都阻挡不了的。这几个跳梁小丑的表演，只能证明美西方反华势力阴险的图谋，同时让国际社会擦亮眼睛，进一步看到新疆的真实情况，看到新疆所采取的反恐、去极端化，以及促进经济社会发展、保障改善民生这些措施所取得的成效。虽然这个所谓的“维吾尔特别法庭”还会继续进行各种活动，但是表演得越多，丑陋的面目大家也会看得越清楚。从新疆方面来讲，我们还会通过涉疆问题新闻发布会等多种形式，对这些丑陋的表演进行有力回击。

今天的发布会到此结束。谢谢各位发言人，谢谢各位记者朋友。

新疆维吾尔自治区涉疆问题新闻发布会
Press Conference on Xinjiang-related Issues
Xinjiang Uygur Autonomous Region
2021 年 6 月 12 日

阿依克古丽·克力尼司

# 新疆维吾尔自治区第 41 场涉疆问题新闻发布会实录

2021 年 6 月 12 日，新疆维吾尔自治区在疆举办专场涉疆问题新闻发布会，邀请来自喀什、和田、阿克苏等地的几位少数民族群众代表分享自己在职业技能教育培训中心学习后，摆脱宗教极端思想、实现稳定就业并过上幸福美好生活的真实故事。

## 伊力江·阿那依提（主持人）：

各位媒体记者朋友们，大家好。欢迎出席新疆维吾尔自治区涉疆问题新闻发布会。我是自治区人民政府新闻发言人伊力江·阿那依提。

近期，一些境外敌对势力和反华势力在英国搞所谓的“维吾尔特别法庭”，无耻地对根本不存在的新疆“种族灭绝”进行“听证”，简直是荒谬至极。针对这个问题，新疆维吾尔自治区在北京第 9 场涉疆问题新闻发布会和在疆第 40 场新闻发布会已经指明了事实的真相。这完全是一个预设立场、专门供敌对势力攻击抹黑新疆、干涉中国内政的伪法庭。

今天，针对所谓“维吾尔特别法庭”伪造证据、抹黑教培中心，我们邀请到几名教培中心结业学员参加发布会，请他们讲一讲自己通过学习培训摆脱宗教极端思想，实现稳定就业并过上幸福美好生活的故事，用事实批驳美西方反华势力的攻击抹黑。他们分别是：阿克苏地区阿克苏市的阿依先古丽·尧力瓦司，阿克苏地区柯坪县的麦尔旦·阿地力，阿克苏地区库车市的祖比艳·亚生，喀什地区疏勒县的帕提古丽·玉散，喀什地区泽普县的阿力木江·阿普赛麦提，和田地区洛浦县的麦麦提艾则孜·艾麦尔江。

下面，请阿依先古丽·尧力瓦司讲述她的故事。

## 阿依先古丽·尧力瓦司：

大家好！我叫阿依先古丽·尧力瓦司，我请大家先看我女儿的视频。

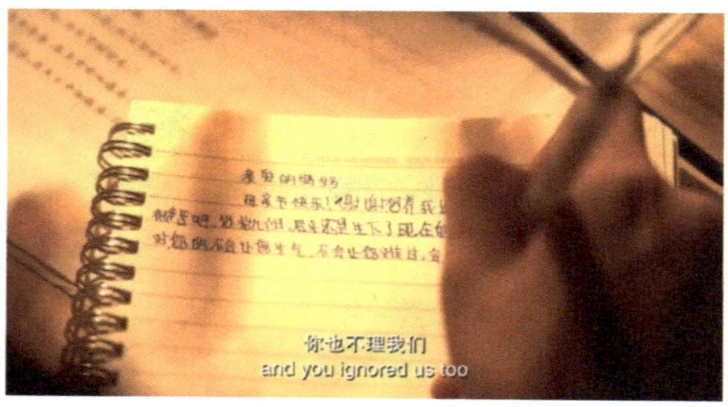


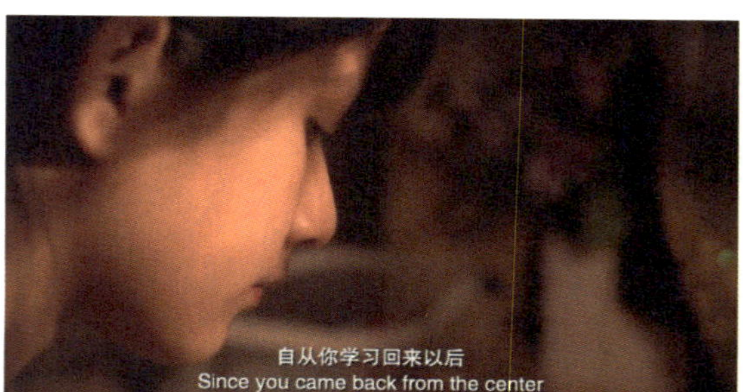

阿依先古丽·尧力瓦司：

女儿说的没错，我现在是一个自信又爱美的女人，开着一家很大的美容美甲店，和老公还有两个女儿幸福地生活在一起。但也和女儿说的一样，过去的我并不是一个好妈妈。

刚结婚的时候，老公卖化肥挣钱，我安心在家带孩子，小日子过得挺好。可是自从我被周围穿蒙面罩袍的妇女斥责“不是真正的穆斯林”以后，一切都变了。

为了做所谓“真正的穆斯林”，我不许丈夫抽烟喝酒，自己绝不出去吃饭，甚至放弃了爱美的天性，穿一身黑罩袍，不让别人看见我的脸。看见打扮时尚漂亮的女性，我就在心里咒骂：“死后肯定要下地狱”，甚至还动手打她们。以前的姐妹朋友们都不和我来往了。

孩子们的学习成绩越来越差。丈夫在一次次争吵后，怕孩子们也被宗教极端思想感染，选择了离婚。本来幸福的四口之家，就这样破碎了。

我在家人的劝说下，来到了教培中心学习，终于明白自己感染了宗教极端思想，也痛苦地意识到，对宗教极端思想的虔诚和狂热，是导致家庭支离破碎的原因！虽然努力学习知识和技能，但我很难原谅自己。

我是被爱改变的。教培中心的老师们都特别温柔和耐心。有次生病，老师在送我去医院的路上不停安慰：“不要害怕、不要担心，我们陪着你”，还给我喂饭、陪我聊天。久违的亲人般的爱，让我想起自己的妈妈，想起了自己多爱孩子们。从那以后，我有了新想法，做一个好妈妈，让家人原谅自己。

结业后，“访惠聚”工作队和社区干部帮我开了一家服装店，卖各种时髦漂亮的衣服，我还运用在教培中心学到的技术，在店里做起美容美甲，忙得不得了。但是再忙，我都接送孩子们上学放学，精心准备早餐、晚餐，还经常带孩子们下馆子改善伙食。周末还会抽空陪孩子们去游乐场玩一天。每次进货，我还给孩子们挑几件漂亮衣服。

我越来越喜欢和邻居朋友、店里的客人聊天了。以前被我打骂的时尚女人们，都成了我店里的常客，成了我的好姐妹。每次做指甲、挑衣服，姐妹们都跟我聊聊流行的服装款式、美甲式样。有时候我忙不过来，大家还帮我接一下孩子。逢年过节，我给大家送几件衣服，免费做做指甲，都快成一家人了！

还有我前夫，大家可能想不到，他重新追求我了！他时不时跑来给我帮忙，帮我进货、发货，殷勤得很呢！顾客都以为他是老板，他每次都会得意地给别人解释，“漂亮能干的阿依先古丽是我的老板，我愿意为她打工，打一辈子工。”听到这话，我羞红了脸，用手轻轻拍他一下，感觉回到了恋爱的时候。

孩子们看着也特别高兴：“以前妈妈和我们不亲，还做很多奇怪的事情，感觉你随时都可能和爸爸吵架，我们特别害怕，觉得你不喜欢我们。现在的妈妈特别关心我们，每天陪我们上学放学，还做各种各样的好吃的，陪我们做作业，放假的时候带我们出去玩，我们才知道，妈妈是爱我们的。我们相信爸爸和妈妈一定会和好的！”

就连邻居阿依木尼萨·马木提也跟我说：“刚从教培中心结业的时候，走在街上，你主动地跟我们打招呼，大家都蒙了，完全认不出你来。之前只能看到你的眼睛，穿的衣服不是黑的就是灰的，从不和人交流，脸上看不到一丝笑容，跟眼前的这个时尚靓丽、活泼开朗的女人，完全是两个人！以前我们觉得你这个人不好相处，现在都愿意和你交朋友，感觉认识你，自己也变漂亮了！”

我带着两个女儿走在马路上，总会吸引很多目光。孩子们也特别骄傲，妈妈长、妈妈短，不停喊妈妈，好像要告诉全世界，这个温柔美丽的女人是我们的妈妈！我的心都要融化了。

现在，我已经和丈夫复婚了，一家人又恢复了往日的平静和美好。我特别庆幸当初去了教培中心，感谢党和政府帮我回归幸福的家庭。我觉得，女人就应该活成一个爱美丽、爱生活、爱家庭的好妈妈。

**主持人：**

谢谢阿依先古丽·尧力瓦司的讲述。受宗教极端思想影响，麦尔旦·阿地力 20 多岁还靠父母养。通过在教培中心学习国家通用语言和技能，看到家里享受国家易地扶贫搬迁给的新房子、土地、牛羊，以及家乡发生的巨大变化，麦尔旦·阿地力深刻地感受到党和政府在脱贫路上“一个都不能少”的温暖关怀。下面，请麦尔旦·阿地力讲述他的故事。

**麦尔旦·阿地力：**

大家好！我叫麦尔旦·阿地力，今年24岁，来自阿克苏地区柯坪县阿恰勒镇幸福村。我的国家通用语言是在教培中心学会的，讲得不好，请大家多原谅。

我们柯坪县是阿克苏地区最西南的小县城，是有名的“黄杏之乡”“骆驼之乡”“恰玛古之乡”，听起来不错吧！

但其实，柯坪曾经是国家级贫困县。我们有句顺口溜：“一条马路七盏灯，一个喇叭全县听，半脚油门出了城”。

柯坪在维吾尔语里有“洪水”的意思，大家一听就明白，洪水多。新中国成立到2010年的60年里，柯坪发了十多次特大洪水。以前修的大坝挡不住洪水，洪水冲坏了很多公路、农田、水渠。不发洪水的时候，又特别缺水，能种的地很少。那些年，柯坪人真的特别辛苦，付出了很多，大家的收入都不高。

不过这些都是以前，我们柯坪县在2019年已经脱贫摘帽啦！我也从教培中心结业，现在是一家理发店的老板，日子越来越好。

以前我家地少、房子小，还是土坯房，6口人就靠爸爸出去打零工挣的那点钱。我那时候年纪小，不懂家里多困难。后来我感染了宗教极端思想，排斥其他民族，不和汉族人来往，还参与了犯罪团伙。

是教培中心赶走了我脑子里的宗教极端思想，还教给我挣钱的本事。我每天特别充实，精神状态也变好了，就是有点担心家里的困难。

没想到，每次和家人见面，都有好消息。我家搬进了幸福村，是县里用国家易地扶贫搬迁项目建的新村。新房子79平方米，水、电、暖气全都有，政府给了25亩地，还帮我们养牛养羊挣钱。自己没花多少钱，就什么都有了！

在“访惠聚”工作队和村“两委”的帮助下，家里25亩地流转出去，每年能挣1万块；10只羊送到了喜羊羊公司托管，每年分红2次；我妈妈当上了护林员，哥哥和弟弟出去学手艺打工，都成了有工资的人，爸爸的压力小了不少。到了2018年，我们家人均收入达到了5920元，脱贫了！我以为搬到幸福村就是最好的日子了，没想到那只是幸福的开始。

和我一样感受到这种幸福的还有我们村的吾斯曼·祖东。吾斯曼·祖东今年56岁了，以前他全家8口人住50平方米的土坯房，还是租的，6个孩子只有一张大床，家里特别困难，饭都吃不饱。搬过来以后，他住上了新房子，有了地，有了羊，还发现了惊喜——

一个是种地免费，村里还给补贴；另一个是蔬菜大棚免费用，菜苗也有补助。说起这些，他就特别激动。

我听着也激动，想着家里脱贫的事，特别感谢党和政府帮我们过上好日子。我也想靠自己勤劳的双手，改变家庭的生活条件，改变自己的命运。

因为在教培中心学了理发，我就想开个理发店。“访惠聚”工作队和村“两委”特别支持我，帮我找店面、办执照，还把房租从8000元降到了6000元。拿着6000元的创业补助，我的理发店在附近的启浪乡开张了。

刚开始新店没有名气，顾客很少，镇上的干部就专门联系启浪乡的干部，帮我打广告、做宣传，效果特别明显。我的生意越来越好，后来还收了4个徒弟，又当老板又当师傅。

现在，理发店的生意非常好，顾客经常排队。我虽然累，但心里高兴，平均每个月能赚5000多元呢，徒弟也有收入。老顾客来，我还给他们打折，自己挣钱嘛，有底气。

政府为了鼓励大家自己动手致富，专门盖了一排创业用的店面，还提供创业基金，听干部们说这叫“扶贫扶志”。当时村民都特别积极，店面一下就被抢光了，然后村里就有了大超市、修车铺、化妆品店。

除了能创业，找工作也不用愁。我们镇有好多木耳大棚，是政府专门为富余劳动力建的。大家觉得木耳这个项目选得特别好，好种又值钱，每公斤80。呢。大棚里面干活的人特别多，热闹得很。

其实不止我们村，县里挣钱的路也特别多，有十多家大企业。刚才说的喜羊羊公司，就有很多养羊的工人，工资很高。还有一个服装公司，厂里有一个女工叫艾斯玛·木沙，以前她自己带两个孩子，还照顾两个老人，一家人全靠她做裁缝挣钱养家，每个月才五六百块钱。现在她是厂里的技术骨干，每个月工资3500元。

好日子过久了，富起来的事情见多了，我越来越能感受到，有了党和政府，脱贫真的是个开始。我们柯坪县就是最好的例子。

全县现在有29所幼儿园，每个乡镇和村里都有卫生院或卫生室，每家都有城乡居民基本医疗保险、大病保险、医疗救助、补充医疗保险，每年还有免费体检。

国家花了两个多亿的苏巴什水库开始蓄水了，洪水没有了，生活环境也好了，农田也不缺水了。听说每个农民多了1亩地呢，而且能种红枣、石榴、火龙果。

有党和政府关心和帮忙，我们柯坪人的生活一天比一天好。我们家就是这样，2019年，人均收入都超过2万了！今年是柯坪脱贫后的第二个年头，我们的生活会越来越幸福！

**主持人：**

谢谢麦尔旦·阿地力的讲述。宗教极端思想对妇女儿童的迫害，完全可以用极度残忍来形容！曾经陷入黑暗深渊的帕提古丽深知，那就是一场可怕的噩梦！不幸中的万幸，教培中心使她从撕心裂肺的噩梦中醒来了！下面，请帕提古丽·玉散讲述她的故事。

**帕提古丽·玉散：**

大家好！我叫帕提古丽·玉散。我是一名从职业技能教育培训中心结业的学员。以前，我从网络、电视了解到西方一些媒体污蔑新疆集中关押维吾尔族人，不让维吾尔族人用维吾尔语，限制维吾尔族人的自由，不让维吾尔族人信教等。我想说说我的亲身经历，让更多关心中国、关心新疆的人，真正了解宗教极端思给我和我的家庭带来的危害，了解我在教培中心的学习情况。

2009 年 8 月 15 日，是我结婚的日子。原本以为这是人生幸福的开始，没想到，竟是让我痛不欲生的噩梦开始的日子……

初中毕业，我还是一个小姑娘，却被父亲强行嫁给一个有严重宗教极端思想的男人。结婚以后，我说什么话做什么事，必须按照丈夫的要求去做，必须参加非法“台比力克”（“讲经”活动）。在外面，我不能和任何男人说话，不能穿漂亮的、色彩艳丽的衣服，只能穿蒙面罩袍。我稍微不听话一点，他就会对我拳打脚踢，不停辱骂我。我特别伤心，哭过、反抗过，但是，慢慢地我就被打怕了、习惯了，也觉得生活没希望了。

我开始频繁与有宗教极端思想的人来往。在参加邻村的非法讲经活动时，我认识了一个叫玉素甫的人，我们一起多次观看有关“圣战”内容的图片和视频，妄图通过“圣战殉教进天堂”，到另外一个世界实现我们想象的幸福生活。到 2014 年 4 月，被宗教极端思想冲昏了头脑的我，不听家人劝阻，一心想着去“圣战”。

我有两个孩子，我狠心地给还在吃奶的孩子断奶。为了不引起别人的怀疑，我带上3岁的女儿到了乌鲁木齐。后来为了减少路途负担，我毫不犹豫地听从了玉素甫的安排，把3岁的女儿交给他的朋友，我跟随他和他的妹妹等人一同前往广州，想从广州非法越境参加“圣战”。到了广州后，我们想尽办法寻找非法越境的路线，东躲西藏，害怕被警察抓住。

这时，我偷听到玉素甫和他妹妹对话，才得知我女儿病了，好像病得很严重，快不行了。我很担心。在我一再要求下，半个月后，我回到了乌鲁木齐，去“朋友”家找女儿时，却找不到女儿了，我只好到当地派出所报案。

报案后我才得知，我的女儿在所谓的“朋友”家被迫非法学经。我的女儿还小，不会背经文，他们就不让我女儿吃饭喝水，经常打她骂她。社区民警在入户走访中，发现我女儿浑身青紫、颅骨骨折，耳朵、鼻孔、眼睛全是血，已经奄奄一息，紧急送往医院。尽管医生全力抢救，我的女儿还是永远地离开了这个世界，离开了我……

女儿的离去，让我的心像刀绞一样，痛苦到了极点，我再也看不到我那天真可爱的女儿了，再也听不到女儿甜甜地叫我“妈妈”了。我的脑海里全都是女儿被人毒打时的场景，全是女儿的哭喊声，全是女儿可怜绝望的眼神，全是女儿撕心裂肺般喊妈妈……妈妈……

女儿最需要保护的时候，我不在她身边，是我害了我女儿！这不是我要的幸福，这不是我要的结果！女儿的离去，让我每天处在伤心痛苦之中，我没有一天开心快乐过。女儿的离去，让我终于明白了，我被宗教极端思想毒害了！我为什么那么蠢？竟上了那些魔鬼的当，害死了我的女儿！我恨自己的愚昧，竟然相信了他们的鬼话；我恨自己的残忍，竟然把幼小的女儿留在了那个地下教经窝点里，让女儿永远地离开了我；我更恨给我宣扬宗教极端思想的坏人，让我走上了违法犯罪的道路。我后悔啊！

这个时候，民警找到我调查女儿的案情，我才认识到自己是一个法盲。今天我要是不反抗，明天还会有更多的人失去孩子。我主动向公安机关检举揭发了那些暴力恐怖分子，我希望害死我女儿的凶手得到法律的严惩。作为妈妈，我没有对女儿尽到监护人的责任，把幼小的女儿送到地下讲经点非法学经，而且搞“迁徙圣战”，我也触犯了法律。

在民警和村干部的帮助教育下，我主动选择到职业技能教育培训中心学习。在教培中心，老师教我学习国家通用语言文字、法律法规、职业技能及“去极端化”知识。我们吃着免费又好吃的饭菜，住着干净舒适的宿舍，每天在宽敞明亮、设施齐全的教室里学习，过得都很充实。在教培中心，我们的课程安排很丰富，每天听课、读书、看报、唱歌、跳舞、打排球、玩乒乓球，我不仅学习到了国家通用语言文字、法律知识，还学会了缝纫技术。在教培中心，我又回到了快乐的校园生活。在老师和同学们的关怀帮助下，我以优异的成绩结业。

结业后，政府帮我开办了一家电子商务便民超市。我一边经营超市，一边用在教培中心学习到的缝纫技术帮助村民设计和裁剪衣服，现在每个月我都有 3000 元的稳定收入。

我的儿子现在已经上小学二年级了，他每天穿着整洁的校服，坐在宽敞明亮的教室里学习，和同学们一起在校园里快乐地玩耍。我和我的家人，在政府一系列惠民政策的帮扶下，生活水平一年更比一年好。我彻底告别了黑暗的过去！

现在稳定的生活来之不易，我很珍惜现在这样美好的生活。我很幸福，也很知足，这才是我真正要的幸福生活！

**主持人：**

谢谢帕提古丽·玉散的讲述。下面，请麦麦提艾则孜·艾麦尔江讲述他的故事。

**麦麦提艾则孜·艾麦尔江：**

大家好！我叫麦麦提艾则孜·艾麦尔江，是新疆和田地区洛浦县的一名舞蹈演员，现在洛浦县文化馆演出队工作。

我从小就喜欢跳舞，一直想在大舞台上跳舞。而我的这个梦想，差一点就被“三股势力”毁了！

我读书少，爱玩，经常和朋友出去唱歌跳舞。谁家嫁女儿、娶媳妇，我都会过去蹭个舞、凑个热闹。后来我和我老婆一起开餐厅，结识了一些所谓的“朋友”，他们告诉我：“不要让‘异教徒’来吃饭，婚礼上不能唱歌、不能跳舞，不然会下地狱的！”听得多了，我就信了他们的鬼话。餐厅里其他民族的人来吃饭，我就不高兴，虽然没有把人拒之门外，但不给客人好脸色看。我还跑到别人的婚礼上，动手阻止别人唱歌跳舞。

我的生活变得一团糟。餐厅倒闭了，日子都过不下去了，我还不让妻子出门挣钱，觉得她挣的钱“不清真”。爸爸妈妈知道我的情况后，对我很生气，他们找来村委会干部，一起劝我去教培中心学习。

“我到底做错了什么，我为什么变成这样？要不就去学习学习，找找哪里出问题了？”经过一番思想斗争，我最终决定去教培中心学习。我在那里学习了国家通用语言、法律知识，我才知道自己被宗教极端思想感染，这样下去肯定会闯出大祸！

我特别庆幸自己的选择。教培中心不仅劝阻了我一错再错，还延续了我的舞蹈梦。我第一次走进教培中心舞蹈排练厅，宽敞明亮的教室、整面墙的大镜子、欢快的音乐，让我一下子爱上了这里。这里还有专业的老师指导，和我一样热爱舞蹈的小伙伴们，一起练舞、排舞，我觉得自己离梦想越来越近了。我每天在排练厅苦练基本功，别人练 5 分钟，我就练 20 分钟，再苦再累也咬牙坚持。我相信只要我愿意努力，我的梦想一定可以实现的！

结业后，我毫不犹豫地找到“访惠聚”工作队和村干部。我跟他们说：“我会跳舞，能不能加入演出队？”他们跟我说：“可以啊，你跳舞那么好，我们也正要找你呀！”工作队和村干部特别支持我，报名、面试都是他们来帮我的，我很顺利地成了文化馆演出队的一名舞蹈演员。

我们每次下乡演出，老百姓早早地过来，等着演出开始。欢快的音乐一响起，他们跟着音乐跳起来、唱起来，虽然动作不专业，但是那份热情和快乐是认真的。“好！再来一个……”叫好声、欢笑声、口哨声不断，所有的烦恼都没了。

我去教培中心前，村里宗教极端思想浓厚，就像一片乌云压在我们头上，压得老百姓透不过气来。原本喜庆快乐的婚礼，在一些人的干扰下，不能唱歌不能跳舞。没有熟悉的刀郎麦西来甫，没有亲朋好友的欢声笑语，婚礼很快就结束了，一点儿结婚的样子都没有。

“访惠聚”工作队来了以后，村里有了文化活动。通过去极端化宣讲，老百姓头上的乌云吹散了。婚礼上又有了欢快的歌舞，大家喝茶，吃干果、点心、抓饭，再互相邀请，继续跳起来唱起来。新郎和新娘在欢乐的人群中接受着大家的祝福，别提多幸福了！

乌云散去，阳光普照。新疆是歌舞之乡，大家都喜欢唱歌跳舞。我们的文化下乡巡演活动已经演出了 100 多场，我们一个村一个村地送演出，所到之处都是掌声和欢呼声。所到之处的变化，让我更深刻地感受到了党和政府的关心关怀！

以前，村里的清晨是静悄悄的。现在，一大早，孩子们清脆的欢笑声、电动车的喇叭声，唤醒了整个村子。妈妈们早起给孩子们准备早饭，送他们上学。送完孩子的妈妈们，骑着电动车去工厂上班。马路上那一排排五颜六色的电动车，头盔下的一张张笑脸，咋看咋美！

和城里一样，村里有了“早高峰”。“晚高峰”更忙碌，村里找不到一个闲人了！村里建起了文化活动室，里面有图书室、活动室、舞蹈排练室、乐器室，还有文体广场。老百姓干完活，吃完饭，除了看我们的演出，还去图书室看书，查查养殖、种植资料。家家有电视，家里还能上网，年轻的小伙伴们利用网络，做起了微商，卖起了农副产品。我也喜欢上网，看看新闻，学学现在流行的舞蹈，我们文化工作者不能落后！

前年，县里建起了文旅夜市，搞起了“夜间经济”，晚上比白天还热闹。大家看看演出、跳跳舞，喝着卡瓦斯、吃着烤肉……忙碌一天的疲惫早就没了，回家后冲个热水澡，美美地睡一觉，这样的生活太舒服了！回想过去被宗教极端思想扭曲的日子，再看看现在的我，我特别感谢党和政府给了我新生活，特别感谢教培中心将我从悬崖边拉了回来。

你看，现在老百姓的生活越来越好，精气神足足的。不管是在百姓大舞台，还是在农民家的葡萄架下，只要有音乐，大家就跟着音乐跳起维吾尔族舞蹈，用欢快的节奏、轻盈的舞步，表达我们对党和政府的感恩，诉说我们对美好生活的热爱。我会一直为大家跳舞，舞出我的幸福，舞出我们每一个人的幸福！

主持人：

谢谢麦麦提艾则孜·艾麦尔江的讲述！叶尔羌河，作为塔里木河的支流，千百年来哺育着河流沿岸的各族人民，阿力木江·阿普赛麦提就是其中之一。下面，请阿力木江·阿普赛麦提讲述他的故事。

阿力木江·阿普赛麦提：

大家好！我叫阿力木江·阿普赛麦提，来自新疆喀什地区泽普县，是叶尔羌河民俗文化博物馆的一名讲解员。

从张骞“凿空”西域，到莎车王父子相约事汉，再到林则徐兴水利屯垦戍边，历史长河中的叶尔羌河流域，发生了很多故事。自汉代以来，新疆各族人民同全国人民一起，共同开拓祖国的辽阔疆土，共同缔造了多元一

体中华民族大家庭。

叶尔羌河在喀喇昆仑山的躯体里汹涌澎湃，在乔戈里峰下的土地上缓缓流淌。她滋养了440万亩绿洲，是新疆最大的绿洲，其中就有我的家乡。她哺育了南疆几百万人民，我就是其中一个。

别看我现在能把叶尔羌河的历史讲得这么清楚，曾经的我，正是因为不了解这些，轻信了宗教极端分子编造的虚假历史，沦为他们分裂祖国、破坏民族团结的帮凶。还好，后来去了教培中心学习，我才没有彻底掉进深渊。

结业后，我决定要好好学习正确的历史，就从养育了我的叶尔羌河开始！于是，县里为丰富群众文化生活建设的“四馆一中心”，成了我闲暇时最喜欢去的地方，特别是图书馆。

在书本里，叶尔羌河的历史名人莎车王父子，给我好好地上了一课。

西汉统一西域后，莎车王延，曾经在汉朝学习生活过很长时间，西汉政府特别关照他，所以他对汉朝很有感情。回去做了莎车王以后，他推行汉朝中央政府的各项政令，还照着汉朝的各种典章制度来治理自己的城邦。他不但自己维护祖国统一，还教导自己的儿子康，要记住汉朝的恩泽，继续维护西域与祖国的统一，永不背叛。

西汉末年，社会动荡不安，匈奴重新控制西域，莎车王延不仅誓死不从，还保护了1000多名来不及退回关内的汉朝官吏、士兵、家属。东汉重新统一西域后，西域各族人民和汉族人民之间的感情更好了！

我也是叶尔羌河养育的孩子，还享受着党和政府的好政策，过去竟然……每次想到这，我的脸都发烫。

每次读完书回家，我会给孩子讲一遍，这叫“明辨是非要从娃娃抓起”。讲得多了，我突然冒出来一个想法：肯定还有很多人不了解叶尔羌河的历史，不知道维护祖国统一、民族团结有多重要，那就等于对宗教极端思想没有抵抗力，太危险了！我得把自己知道的讲给更多人听！

大家说巧不巧？就是在图书馆看书时，我听说县博物馆招聘讲解员。在教培中心练好了国家通用语言，又是去讲自己感兴趣的历史，又能讲给更多人听，这份工作简直就是为我定制的。

好事儿不止这一个。“访惠聚”工作队和社区的干部们了解了我的想法以后，专程来家里鼓励我，帮我争取应聘机会，提供学习资料，还带着我恶补国家通用语言。所有人的努力都没有白费，我真的得到了这份工作！

上班的前一天晚上，我兴奋得睡不着，满脑子感激和感动。本来我担心党和政府会放弃我，干部们会疏远我，周围的人会歧视我，单位也不会要我，全错了！就是因为大家的帮助，我才有了新生活！

所以，成为讲解员以后，除了努力宣传叶尔羌河的历史，我还喜欢讲“全国最美村官”刘国忠的故事。

他是我们泽普县的一名村党支部书记。为了解决农田浇水问题，老实巴交的他带着村民挖水渠；为了让村里通电，50 多岁的他打起铺盖睡在巴扎上；为了让村里铺上柏油路，他带着全村人挖沙子；他教村民们种核桃、种辣椒致富，自己的地却荒着。村子贫困落后的面貌改变了，刘书记却永远离开了我们……

每次讲到这儿，我就想起“访惠聚”工作队和社区的干部们为我定制帮扶计划的样子，为我忙前忙后的样子，庆祝我应聘成功的样子，鼓励我好好生活的样子，总是让我鼻子酸酸的。党和政府不止帮了我，也是救了我！

这几年，有党和政府的好政策，家乡的变化真的挺大的，叶尔羌河就是个例子。

以前的叶尔羌河，春天灌区缺水，夏天洪水泛滥，水患问题存在多少年了，人们对她又是爱又是恨。每到汛期，农民们的房子被冲走了，农田被冲毁了，家里的牛羊淹死了，好不容易留下几棵树，也要砍了去防洪。大家忍着心疼，冒着生命危险去抗洪。本来雨水是农民的好帮手，叶尔羌河流域的农民，是真害怕下雨啊！

去年 5 月底，党和政府投资了 100 多亿元的阿尔塔什水利枢纽工程主体完工。从 2011 年开始，工地上建起一条蜿蜒曲折超过 6000 米的人工栈道，工人们每天都要上下好几次，把大量的物资用肩膀扛到海拔接近 3000 米的地方，有些地方的坡度达到 90 度，最窄处只能容下两只脚。

几年的时间，来自全国 11 个省的设计师、建筑师、专家、工人，还有挥别故土、翻山过河搬新家的 4000 多农牧民，所有人历经寒风、徒步达坂、走过悬崖，千辛万苦之后，终于完成了大坝主体，千年水患真的被“驯服”了！

现在，洪水少了，灌溉用的水多了，电也不缺了，生态环境更优美了，人们对叶尔羌河再也没有恨，只剩下爱！

这样造福子孙后代的好事还有很多。整齐的安居富民房、宽阔的公路、现代化的产业园出现在叶尔羌河两岸。各族人民品尝着叶尔羌河赐予的甘甜，幸福地生活在祖国的怀抱中，伴着生生不息的河水，一路欢歌。

主持人：

谢谢阿力木江·阿普赛麦提的讲述。下面，请祖比艳·亚生讲述她的故事。

祖比艳·亚生：

我叫祖比艳·亚生，是阿克苏地区库车市教培中心结业学员，现在是乌尊镇库木艾日克村的村干部。

以前，我们村有人向我宣扬宗教极端思想，并多次带我去地下讲经点听所谓“宗教人士”讲经。他们告诉我“汉族人都是异教徒”，“穆斯林不能住政府盖的房子、用政府发的钱”，“穆斯林女性也要杀异教徒”。我听信了他们的话，性格越来越孤僻，行为越来越极端，生活中坚决不买非穆斯林生产的东西，开始仇视厌恶身边的汉族群众，满脑子都是“圣战殉教进天堂”。为此，周围的朋友和我渐渐疏远，母亲常常以泪洗面，不停地劝说我去教培中心。2018 年 4 月，我去教培中心参加了学习。

在教培中心，我通过学习《宪法》《刑法》《反恐怖主义法》《宗教事务条例》等法律法规，看清了那些所谓“宗教人士”的真面目。他们根本不是真正的宗教人士，而是散播宗教极端思想的犯罪分子。他们的目的就是给我们洗脑，蛊惑我们干违法犯罪的事情，把我们变成杀人不眨眼的魔鬼。现在想想，如果不是教培中心，我现在或许已经走上了犯罪的道路，成了极端分子实施犯罪的炮灰。

教培中心开设了电子商务、计算机、烹饪、美发等课程，每个学员都可以根据自己的兴趣爱好，选择 1—2 门课程学习。我选择了计算机专业，学习了 Word 文档、Excel 表格等办公软件操作。结业时，我已经能够熟练使用计算机处理文字和数据了。

结业后，因为我的国家通用语言基础好，能熟练操作计算机，又性格开朗、能歌善舞，经村民推选，我成了村委会委员。我平时经常组织村民搞一些文体活动，丰富他们的精神文化生活，每次看到大家脸上洋溢的笑容，我都非常有成就感。

最近，我看到境外有媒体说“教培学员遭受酷刑，女性学员被性侵”，这些都是他们瞎编的。他们没有来过教培中心，也没有和我们交流过，有什么资格对教培工作说三道四？大家看，我的身体这么健康，像是被虐待过吗？我还想着找一个男朋友，建立自己的小家庭，生几个健康的小宝宝。他们编造的谎言骗得了别人，但骗不了我们。

主持人：

谢谢祖比艳·亚生的讲述。教培中心是教育人、挽救人的地方，是让不知法不懂法不守法的人变得知法懂法守法的地方。在今昔对比中，教培结业学员更加厌恶和痛恨给他们带来灾难的极端思想，更加珍视来之不易的美好生活。他们亲身感受和见证着新疆的和谐稳定和蓬勃发展。下面请大家观看一组教培结业学员真实生活的短视频。

伊力江·阿那依提：

事实证明，新疆开展教培工作，最大限度消除了滋生恐怖主义、宗教极端主义的土壤和条件，切实保障了新疆各族人民的生命权、健康权和发展权，不仅使新疆实现了社会稳定，也有力维护了地区安全和稳定。这个所谓“维吾尔特别法庭”的“开庭”“审判”等一切活动，都是敌对势力妄图实施“以疆制华”图谋的拙劣表演。我们坚决反对美西方反华势力的攻击和污蔑！我们相信，新疆不仅有繁荣稳定的今天，也必将拥有更加美好的明天！

今天的发布会到此结束。谢谢大家！